AF336721

RENÉ CREVEL

ÊTES-VOUS FOUS?

Édition originale

PARIS

Librairie Gallimard

ÉDITIONS DE LA NOUVELLE REVUE FRANÇAISE

3, rue de Grenelle (VIme)

ÊTES-VOUS FOUS?

DU MÊME AUTEUR :

Détours (*nrf*) une œuvre, un portrait (épuisé).

Mon corps et moi (*Kra*).

La mort difficile (*Kra*).

Babylone (*Kra*).

L'esprit contre la raison, cahiers du Sud.

RENÉ CREVEL

ÊTES-VOUS FOUS?

PARIS

Librairie Gallimard

ÉDITIONS DE LA NOUVELLE REVUE FRANÇAISE

3, rue de Grenelle (VIᵐᵉ)

A PAUL ET A GALA ELUARD.

Ce que sur la vie, la terre est atroce.

Chanson de Fortugé.

1

La Ville. — Tatouée à la monnaie du pape. — Son front
de glace déchire une vitre. — Alliance avec le plus
équivoque des jours, parmi les 31 d'Octobre. —
L'homme. — Parce qu'il ne comprend plus rien, ni
aux choses, ni aux êtres, il se précipite chez la diseuse
de bonne aventure (comme s'il n'y en avait pas de
mauvaise). — Mme de Rosalba, voyante, annonce un
mariage. — Neuf mois plus tard, la jeune femme, une
rouquine, accouchera d'un enfant bleu. — Mort de
l'enfant bleu. — Naissance d'autres bébés multicolores
non moins inviables. — Où l'on fait connaissance avec
Yolande, demi-mondaine et des mieux huppées. —
Mimi Patata l'étoile des Folies-Bergère et ses deux
jumeaux d'amants. — Le Prince de Galles et sa broderie anglaise. — Mme de Rosalba n'apprécie guère
tout ce monde et dénonce les méfaits du vague à l'âme.
— Imprécations. — Conseils. — Mais qui donc pourrait endiguer la marée du destin ? — La rue des Paupières-Rouges. — Jadis... au temps de février porte-
fièvre. — Le mystérieux oiseau-flamme soudain jailli
d'un trombone à coulisse. — Rassemblement, rue des
Paupières-Rouges. — Harangue de la Ville. — L'homme

emmène l'oiseau-flamme, pour qu'il se repose, au plus haut étage d'un sanatorium gratte-ciel. — Le rucher à malades. — L'heure des gramophones. — Pour échapper au naufrage, à l'aube montagnarde, le regard s'accrochait au fer du balcon. — Privé même d'un tel secours, aujourd'hui, rue des Paupières-Rouges, en plein brouillard, l'homme devient, pour de vrai, M. Vagualame. — Yolande en chair et en os, très décolletée malgré le froid, jaillit du trottoir de brume. — Suivent Mimi Patata et les jumeaux. — Yolande emmène tout ce monde chez elle.

La Ville.

Elle porte collier de visages en papier mâché, mais son chignon joue à l'arc de triomphe.

Ainsi, avant l'ère des nuques rases, toute patronne de bistrot, à coups de guiches, frisettes, franges, boucles, nattes, compliquait, en de chimériques architectures, l'édifice de cheveux et d'orgueil, à même le sol du crâne.

Or la dernière auvergnate, penchée sur le zinc d'un comptoir, où se mire sa tignasse bouffie de crêpés, cimentée à la brillantine, étayée de peignes et barrettes, façon écaille, nymphe de gargote, narcisse femelle, mais défiant tout vertigo — elle vous en donne sa parole — car la tête est bonne, certes, meilleure

que celle du freluquet sempiternellement pen-
ché sur un ruisseau, et, à poils, le chinois de
paravent, la graine de propre à rien, à poils,
dehors, dès potron-minet, à se regarder, va
donc chochotte, les yeux, le nombril et toute
la boutique, tant et si bien qu'il a fini par
choir dans la flotte, d'où on l'a repêché mort
et nu, plus nu que la main, puisque... mais ne
me faites pas dire des cochonstés, ma bonne
ma chère, fouchtri, fouchtra...

...l'ultime maritorne anachroniquement fière
du château poisseux et tarabiscoté qui la couronne, déesse de la mayonnaise qui ne cache
rien de ce qu'elle sait des cosmogonies, de
la politique, des adultères de quartiers, tandis
que, goutte à goutte, dans un bol, tombe
l'huile de sa sauce, n'est pas la seule de qui
s'inspire la Ville.

Mais la grande pétrifiée, au reste, toujours
prête, sans qu'on lui demande son avis, à se
prétendre capitale du goût, s'est rappelé que
les moukères arrangent leurs sequins en parures.

Aussi, cette fille de la fille aînée de l'Eglise,

sur une poitrine asymétrique dont elle a baptisé un sein, et encore le droit, *Sacré Cœur* (à noter, entre parenthèses, que les enfants de cinq ans trouvent des syllabes à la fois autrement exactes et mystérieuses pour l'état civil de leurs doigts de pieds), l'autre *Panthéon* (*Pan* parce que la donzelle, férue d'antiquité, ne déteste pas, non plus, un petit air de flûte et se réjouit fort de ce qui claque : gifles, tir à la carabine, jeux de mots et de mitrailleuses, coups de fusil et de canon ; *théon* explicable par la seule faute du scribe, qui, avec le même nombre de signes, moins de prétentions et plus de vraisemblance, eût tout bonnement inscrit *téton* à son registre), sur un bas-ventre qui a juste ce qu'il faut d'obélisque pour jouer les hermaphrodites et s'appelle lui aussi d'un nom composé (d'abord trois lettres, chacune au sommet du triangle où se tapit ce qui de la femme est le plus apprécié mais le plus calomnié, puis le substantif *corde*, comme si cette coquette entendait qu'on se pendît au sien), sur son cœur en forme de Palais-Royal, son nombril qui lui sert de fosse aux ours, ses bras, ses jambes, parfumés au goudron, elle a imprimé le tatouage négatif et glacial de la monnaie du pape.

Monnaie du pape, monnaie de singe, petites lunes en papier, sœurs par la sécheresse d'une grisaille qu'elles maquillent, si la boîte à sardines oubliée au pôle, par l'explorateur, peu curieux du paysage, a réjoui la boitante famille des pingouins, l'homme qu'une impitoyable main de fer, sans gant de velours, vient d'arracher au naufrage illimité du sommeil et des draps, meurtri dans son regard et le secret de sa poitrine, blessé au sang par l'acier, dont, après avoir déchiré sa vitre, vient de le frapper la ville casquée, cuirassée de gelée blanche, l'homme n'est plus qu'un moribond relief de nuit.

Ses yeux ? des étoiles qui s'éteignent, deux feux follets rentrés à l'écurie. Avec des transparences de souvenirs, d'acides raclures de ciel et déchets d'astres, il essaie, quand même de se recomposer un visage : son visage continué par un cou ; son cou... et ainsi de suite, mais les morceaux de lui-même se joignent mal, ne semblent plus faits les uns pour les autres.

De sa chair, de ses volontés, ne demeurent que lambeaux de brouillard, tronçons de torticolis. La femme de pierre, la pierreuse condescend à le plaindre.

« A l'aube j'ai rêvé de toi et j'ai pleuré... »
Elle a rêvé, elle a pleuré.

La pitié ? quoi ? Un regard lancé trop loin, la mise en scène de la voix, et, surtout, ces mots d'une sournoiserie... La pitié plus hypocrite, plus révoltante que la Société des Nations, la police, les choux-fleurs, les bretelles, les maladies vénériennes, le papier de verre et les fixe-chaussettes.

L'homme baisse les paupières, pour se rappeler certains mois dont les matins lui souriaient, de toutes leurs fenêtres ouvertes, chantaient à douce voix de fleuve, accompagnés en sourdine par les caresses d'ombre. Mais l'automne, soudain, a voulu que se gerçât du sel des larmes ce qui de la peau ne peut mentir.

L'homme fuit la chambre du piteux réveil, et, dans la rue, il constate l'alliance de la ville et du jour (15 octobre), le plus équivoque parmi les trente et un d'une famille entre le ziste et le zeste. En a déjà pâli même la belle insolence des marchandes de mimosas. Afin de mieux narguer les gerbes chétives que ces bohémiennes essaient de vendre, à l'orée des métros, se tord le zinc agressif d'une végétation nymphomaniaque, et les gitanes n'osent plus remuer un cil, alors qu'elles ont toujours passé, fort justement, du reste, pour connaître dans ses moindres subtilités l'art de faire de l'œil et aussi bien avec les narines que la bouche ou les anneaux qui leur servent de pendants d'oreilles. Dans leurs paniers, toute une végétation s'anémie, se liquéfie, mare à la noyade des fleurs, et les tabliers n'ont pas trop de mille plis pour cacher deux fois cinq doigts parfumés au cuivre des gros sous. C'est la saison des mains dans les poches des pardessus. Nul passant ne sauvera de la débâcle le plus petit bouquet, et les altières nomades, la veille encore claquant les talons de leurs socques et de l'insolence sur le macadam, rougissent d'une crasse pourtant bien docile à ganter leur fin métal de peau. Hier, elles allaient jeteuses de mauvais sorts, les lèvres passées au minium, pour bien signifier aux grands frisés des faubourgs, toujours prêts à jouer du couteau, qu'elles n'avaient pas peur du rouge, mais aujourd'hui, parce que du ballon feuillu des marronniers ne demeurent que squelettes inutilement compliqués, parce que c'est la naissance de la mort, créatures aux épaules soudain peureuses, elles supplient le froid, cet avorton, de ne pas les poignarder entre les omoplates.

A la lumière de cette détresse l'homme voit qu'il n'a jamais rien compris des choses, ni des êtres.

Il se précipite chez la diseuse de bonne aventure (comme s'il n'en existait pas de mauvaise).

Quatre à quatre il grimpe les cinq étages. Il compte.

$$4 + 4 + 5 = 13$$
$$4 + 4 \times 5 = 40$$
$$4 + 4$$

Mais halte là ! s'il fallait soustraire et diviser, non additionner, ni multiplier ? Gare aux chiffres. Traîtres comme les revolvers. On a enlevé le chargeur. On vise pour rire. Il était resté une balle dans le canon. Balle diabolique, cabalistique, métaphysique. Bien des adjectifs s'offrent à qualifier ce projectile meurtrier. Une gentille petite femme n'en a pas moins tué son gentil petit mari. Ou vice-versa. Vous parlez d'un malheur ! Un ménage modèle et qui mettait de côté. Dire que la pauvre aura ses vingt et un ans juste le jour de Noël. Déjà veuve. Si jeunette. Et enceinte. Foi de bistrote, voilà une histoire qui mérite bien qu'on la répète, toute une année, à l'heure de la sauce mayonnaise. La Ville, elle, aura de quoi pleurer, de quoi rêver, tout son saoul. Bonne occasion de se métamorphoser, de flotter, île sur l'océan des larmes. *Fluctuat nec mergitur.* Ce serait mieux encore si on retrouvait, tué à coups de chiffres, l'homme sur le paillasson de cette voyante qui n'a pas l'air d'entendre. Mais l'auvergnate au chignon, et la pierreuse tatouée à la monnaie du pape, il ne faut tout de même plus jamais leur permettre de se mêler de ce qui ne les regarde pas. Donc ne toucher ni aux pistolets ni aux nombres qui partent tout seuls. Déjà les courants d'air ne lui ont pas si bien réussi à ce garçon ! Il aimait le vent à la folie. Prétexte à de jolis symboles. Mais un citadin n'a guère de tempêtes à sa disposition. Pour traduire, à coups moyens terrestres, l'ouragan, il a laissé portes et fenêtres battantes. D'où un mélimélo pulmonaire. La carcasse ne fut jamais bien fameuse. Maintenant il a la fièvre, il tousse... Il exècre cette rauque chanson, qui, d'ailleurs, a dû finir par réveiller la Pythonisse, puisque se traînent des savates de l'autre côté de la porte qu'on ne tarde plus à ouvrir.

L'homme prévient qu'il déteste le passé, et le présent. Il n'est venu que pour le futur. Il fait le vide en soi. De ce qu'il fut, de ce qu'il est, survit, seule, une frénétique fringale d'imaginer. Il ferme les yeux afin que nulle vision trop actuelle ne s'interpose entre l'avenir et ses paumes.

Le livre des mains et de la destinée, elle sait

y lire, la chiromancienne, elle va y lire et elle connaît son monde à force d'en avoir vu, et de toutes les couleurs, des vertes et des pas mûres, depuis le temps déjà lointain que, dans les foires, sous le nom de Mme Rachel, au seuil d'une roulotte, charlatane, elle déployait son bel éventail de tarots. Fille de dompteurs, elle n'a jamais eu froid aux yeux et sait comment s'y prendre avec les fauves et les amoureux. Elle a du reste toujours méprisé les uns et les autres, et, maintenant qu'elle a renoncé aux rideaux d'andrinople, à l'édredon, gonflé jusqu'au plafond, de la vie foraine, pour devenir Mme de Rosalba, sorcière en chambre, oracle des Batignolles, elle voue un mépris rétrospectif aux lions, ces rapins démodés à cravates Lavallière, qui n'ont même pas eu le nez de commander un petit trumeau à Lautrec, du temps qu'il brossait, à Neuneu, de grands panneaux pour la Goulue.

Donc premier conseil :

— Si vous achetez des peintures, mon jeune Monsieur, puisque je vois à cet anneau de Vénus, là, que vous êtes un artistique, ne vous fiez pas aux manitous qui font les fendants. J'en ai connu un, moi qui vous parle, des qui maniaient le pinceau et le crayon. A preuve que ma nièce avait épousé un architèque. Il est mort dans un éboulis. Dommage. Il vous aurait bâti, pour pas cher, la grande maison que vous aurez d'ici quelques années. Et il y en aura de la peinturlure dans le salon, et du bois doré ! On se croirait au Palais de Fontainebleau. Mais c'est pour plus tard, maintenant, maintenant...

De toutes ses forces, elle tire, écarte les doigts, pour que la paume devienne océan, car la soif devineresse de la ci-devant Rachel dédaigne les verres d'eau, et même celui au fond duquel Cagliostro aperçut la tête coupée de Marie-Antoinette.

Mme de Rosalba plonge.

A mille lieues, sous les mers du futur, elle voit : — D'abord un mariage avec une rousse. Vous aurez été présenté à la fiancée, à l'étranger, au cours d'un voyage. Mais c'est à Paris que se fera la noce. Et vous parlez d'une noce, avec des autos, des toilettes et une messe où l'on jouera tout le temps de l'orgue. L'épousée porte une robe à traîne de satin blanc copur-chic. Son voile en point d'Angleterre n'est pas de la gnognote. Bien du monde s'est dérangé. Et pas des purées. Le Président de la Répu-blique, en personne. Si sa femme n'est pas venue, ne cherchez pas midi à quatorze heures, c'est simplement parce qu'il est célibataire. Le pape a envoyé sa bénédiction et on passe tout l'après-midi à boire du champagne.

Voyage de noces en Italie.

A Venise la rouquine s'aperçoit qu'elle est enceinte. Neuf mois plus tard elle accouche d'un enfant bleu. La garde n'en croit pas ses binocles, mais le médecin, encore un qui aime la peinture et s'y connaît, pense qu'on ferait une jolie aquarelle de la maman et du bébé. Hélas ! ce poupon excentrique meurt de jeu-nesse, à l'âge de trois minutes. Cher innocent dont la tête pesait trop lourd à la fragilité du cou, les années suivantes ta pauvre mère te donnera tout un arc-en-ciel de frères et sœurs non plus viables que toi. C'est la faute du papa qui s'est trop fatigué. Ainsi en attestent les paumes, que les désirs tour à tour ravinent et boursouflent. Le mont de Vénus, par exemple, est un vrai petit Himalaya. Mais, en fait de relief, dents et chaînes signifient, entre elles, des vallées, creux, entonnoirs, dépressions. Il y a bien du brouillard aux flancs, aux pieds du pic d'Amour, et c'est pourquoi Monsieur a du vague à l'âme.

La voyante répète ces dernières syllabes, assez vite pour les métamorphoser en un seul mot et d'allure cabalistique.

Vagualame, vagualame, vagualame, voici Mme de Rosalba en transes.

Vagualame, vagualame.

Un tonnerre gronde.

Mme de Rosalba n'est pas contente.

Mme de Rosalba menace, maudit.

Vagualame, vagualame.

Elle vous en foutra du zig et du zig, du toc et du toc. Monsieur aime le frotti frotta. Monsieur met sa langue dans toutes les bouches, sans même penser à se dire que c'est plus indiscret, plus dangereux aussi, que de lire la correspondance qui n'est pas à soi destinée.

Vagualame, vagualame.

Monsieur veut savoir l'avenir : Eh bien, il mangera des asperges en plein hiver, et, à tous les repas, du caviar et des huîtres. Il aime à lever le coude. Alors, gare... D'apéritifs en rinçonnettes, il se mettra dans un joli état. L'hiver : Monte-Carlo. Le trente et quarante, la roulette, le baccara et tout le bastringue. Des aventurières se promènent au bord de la mer, sous les palmiers, parées comme des châsses. La dot de la rouquine, décidément, ne fera pas long feu. Au printemps, retour à Paris. Les courses à Auteuil et Longchamp. Un chapeau haut de forme gris clair, de la coco plein le nez, un œillet à la boutonnière. On perd tout ce qu'on veut, mais le pire, c'est encore une connaissance, une Yolande, dont Mme de Rosalba ne fait guère son compliment. Allons, tout de même, voir un peu ce qui se passe chez cette demi-mondaine et des mieux huppées, perle fausse, sans doute, mais dont l'écrin n'est pas pour déplaire. La maîtresse de maison trône dans la cathèdre qu'elle acheta, son pesant d'or, à la vente Sarah Bernhardt. C'est

du beau meuble, et historique. Yolande se rengorge, domine les invités, qui n'ont, pour s'asseoir, que de petits tabourets algériens, en
bois découpé, incrusté de nacre, offerts par le
petit-fils d'Abd el-Kader, soi-même. Par terre,
ce ne sont que peaux d'ours et de léopards ;
aux murs, tapisseries, soies brochées, laques,
tableaux, damas, velours, et sur les tables de
marbre et les consoles de bois doré, des vases
chinois, avec de grands bouquets de plumes,
des statuettes, des tabatières, des caves à
liqueurs, des objets dont pas un qui ne soit
précieux, et, pour tous les goûts, de la pièce
de musée à la babiole, au colifichet, mais tous,
d'un luxe...

Mme de Rosalba méprise les richesses qu'elle
décrit. En relations suivies avec l'au-delà, comment se laisserait-elle émouvoir par un spectacle terrestre, fût-il le plus splendide ? Du haut
de son sommeil, elle lance donc ses foudres
indignées sur la scandaleuse Yolande et son
salon, où, certes, il y a du beau monde, mais
du beau monde qui ferait mieux d'aller ailleurs, à commencer par le Prince de Galles,

assis sur l'un des douze tabourets du petit-fils d'Abd el-Kader, et tout à son ouvrage de broderie, anglaise, naturellement.

Son aide de camp sable le champagne en compagnie de Mimi Patata, l'étoile des Folies-Bergère, une ancienne gommeuse qu'on voit gigoter depuis 1900, qui, pour sûr, n'est pas loin de friser la cinquantaine, mais elle sait nager, la bringue, et vous retourne un homme comme un gant, s'envoie de la chair fraîche à tire-larigot. Exemple : ses deux amants, des jumeaux frais débarqués de Dalécarlie, deux minces garçons roses et blonds, avec des yeux que l'inceste fraternel et les exigences de la vieille guerrière creusent mauves. Ils se tiennent debout, l'un à droite, l'autre à gauche de l'héritier d'Angleterre, et Yolande, à contempler ce groupe, Yolande, à l'apogée de sa gloire, dans sa cathèdre, ressent une ivresse qui n'eut d'égale, au cours de sa longue carrière galante, que sa joie, le jour où, voilà des années et des années, elle reçut pour sa fête une garniture de cheminée en bronze, la pendule à sujet, et les deux candélabres, cadeau du premier de ses riches adorateurs, qu'elle eut, du reste, tôt fait de ruiner, car, insiste Mme de Rosalba, on ne peut pas dire que Yolande soit la fleur des pois...

Une entretenue, voilà tout.

On en raconte sur elle.

Ses belles manières ? du chiqué.

Je vous la fesserais, moi, cette mijaurée, qui prend des airs de reine pour descendre de son trône. Elle va faire un frais à la Patata. Écoutons. D'abord des compliments sur les jumeaux. Ces deux jeunesses dans un lit... ah... ah... Mais Yolande est la sournoiserie, la méchanceté incarnée. Elle insinue : — Ils ont l'air de bien s'aimer, peut-être même un peu trop, ne trouvez-vous pas, Mimi, chère, vos Scandinaves ?

Mimi s'étrangle.

Yolande interroge :

— Ne parlent-ils donc point une seule langue à part le Suédois ? Ils sont bien silencieux. Bonne santé ? Pour venir d'un pays où l'on fait, paraît-il, tant de gymnastique, ils semblent un peu biches en verre filé. Sûr qu'ils se nourrissent de poudre de riz. Un point c'est tout. Savent-ils danser ? Si oui, pourquoi, Mimi, ne point commander un sketch ? Dame, il faut rajeunir sa manière, de temps en temps. Et puis on aurait une belle affiche. Chacun serait un Patatus.

Yolande qui prend tous les matins des leçons de latin, et d'escrime, sait que

: Patatus + Patatus = Patati.

On annoncerait Patati et Patata.

Tout Paris courrait...

Mimi, qui sent qu'on se moque d'elle, tourne le dos à l'insolente, s'en va faire une révérence au Prince de Galles et lui demander comment il trouve ses twins...

— *Twins*, siffle Yolande. On t'en donnera des twins, à la sauce anglaise. Madame ne sait pas l'orthographe, mais Madame se croit un petit Shakespeare. Plonge dans tes jupes, ma fille. On voit que tu as pris tes premières leçons de maintien à la maternelle de la rue Mouffetard. Minaude. Souris. Profite de ton reste, car tu ne seras plus invitée avec les altesses, Patata, vieille patate.

Quel caractère, quelle vulgarité !

Mme de Rosalba s'offusque.

Et puis, avec ces femmes de mauvaise vie, on ne sait jamais à quoi s'en tenir. Il n'y a pas cinq minutes, Yolande savourait son triomphe, et la voici à deux doigts de se mettre en colère, de dire des gros mots. Elle monte sur ses grands chevaux, mais ce n'est pas son père, un cocher de fiacre, qui a pu lui donner des leçons d'équitation mondaine. Elle a beau dormir dans un lit qui fut, soi-disant, celui de l'Impératrice de Chine, s'asseoir dans la cathèdre authentique de Sarah Bernhardt et manger sur une table ayant, jadis, appartenu à Mme Poincaré, les meubles de ces grandes dames n'ont pas déteint sur elle, et aussi bien, d'ailleurs, au propre qu'au figuré, puisqu'elle continue à répandre sur son visage et son corps de la poudre liquide blanche alors que la mode passe les autres femmes au brou de noix.

Plutôt que de venir, avec sa broderie, chez une gourgandine, le fils du roi d'Angleterre eût été mieux inspiré d'épouser une princesse de Belgique ou d'Italie, comme on le souhaitait dans sa famille. Et, du paradis des cœurs raisonnables, que doit penser feu cette bonne reine Victoria, une, enfin, qui n'avait pas le vague à l'âme. Ses solides qualités eurent leurs récompenses, tant aux Iles britanniques que dans les Dominions, tout comme, selon le même et juste principe, est aujourd'hui châtiée la veulerie du prétendant. Déjà il souffre. L'attitude et les mots de Yolande lui blessent l'âme qu'il a fragile et délicate. Et puis les jumeaux, simple entraînement professionnel, se mettent à lui faire de l'œil. Timide, il rougit, et, pour se donner une contenance, propose une messe noire, à laquelle les nègres de l'orchestre qui jouait en sourdine, dans un coin, prêteront leur concours.

Du coup, Mme de Rosalba, qui ne veut point sombrer en plein océan d'ignominie, donne du pied, remonte à la surface, sort de sa transe dégoulinante d'au-delà, défrisée mais inexorable.

A l'homme qui doit assister au sacrilège dont les musiciens chocolat foncé seront les négatives hosties, au cœur de brouillard, à M. Vagualame, elle donne de maternels et sévères conseils :

— Au fond, tu ne sais que faire, mon gars. Voilà le fin mot. Que le Prince de Galles te serve d'exemple. Et encore, lui, il a une planche de salut : sa broderie anglaise. Mais toi ! Tu réfléchis, tu médites ? Balançoires. Si tu veux faire rire de toi, écris donc sur ta porte :

« Maison du penseur ».

Il y a des boucheries, des boulangeries, des charcuteries, des épiceries, des teintureries. Il n'y a pas de penseries. Paresseux. Tu me diras que le destin est écrit, bien plus haut que le cinquième de la Rosalba, dans les étoiles ? D'accord, je ne suis qu'une poussière. Est-ce une raison pour que, toi, tu fasses le soliveau du 1ᵉʳ janvier à la Saint-Sylvestre ? Un petit effort, que diable. Si tu prenais, par exemple, le sabre de grand-papa qui était un brave colonel à moustaches ? Vois la carte du monde. Elle est farcie de peuples qui attendent sous les palmiers, dans les îles, derrière les dunes, qu'on vienne leur fendre la tête. Souviens-toi comme tu aimais à chanter Fanfan la Tulipe, au temps des images d'Épinal. Tu étais alors un angelet sans tache et qui sentait bon la terre de France. La nuit, dans ton petit lit bien bordé, tu rêvais tout gentiment que tu venais de couper les oreilles au roi de Dahomey. Ta maman les assaisonnait à la vinaigrette, et on se régalait en famille. Amour d'enfant, tu n'avais pas pour deux sous d'égoïsme. Aujourd'hui, tu ne penses qu'à toi. Tu détestes ton passé comme un frère aîné. Tu n'aimes que cette grande putain de ville qui te prend jeunesse et santé. Il n'est pas encore quatre heures, et, déjà, tu songes aux rencontres de minuit. De tout cela un singe vert rougirait. Toi, tu n'as même pas honte.

Et Madame de Rosalba n'a pas fini de s'indigner.

Vagualame, vagualame, vagualame.

Elle tombe en transes.

Elle voit une petite maman bijou, sur la paille, par ta faute, qui dîne d'un hareng saur, dans sa cuisine, en regardant la Tour Saint-Jacques.

La maman bijou vient de recevoir une lettre dont l'auteur anonyme lui écrit que son fils fréquente des particulières drôlement pougnaquées. La maman bijou n'est pas habituée à pareil style. Elle essaie d'imaginer les dames en question (c'est de Yolande et de Mimi qu'il s'agit, bien entendu). Elle cherche le mot *pougnaqué* dans le gros Larousse en sept volumes, épave seule sauvée d'une bibliothèque, vendue par ordre judiciaire. Elle s'énerve. Elle ne trouve pas. Maintenant elle sanglote, car ce fils indigne, s'il continue son sabbat, sa colonne vertébrale va se vider comme un sureau de sa moelle. A travers le temps et l'espace, elle supplie Mme de Rosalba, qui sourit tristement. La marée du destin ne saurait être endiguée par des conseils, fussent-ils d'une extra-lucide. Sans doute, le mieux serait de prendre chaque soir, avant de se coucher, une bonne soupe aux nénuphars. Les enfants de la chaste

Suisse, par exemple, tout le temps de leur service militaire, avalent, quotidiennement, d'un cœur joyeux, plusieurs bolées de ce bouillon. Ainsi retournent-ils vierges à leurs montagnes, et prêts à faire des enfants qui ne seront ni bleus, ni mauves...

Mais on sourit. On se moque. On tient à son vague à l'âme. Mme de Rosalba n'a donc plus qu'à donner une petite liste de catastrophes :

Divorce.

Épouvantable scandale de mœurs.

Prison.

Accidents de chemin de fer.

Vilaine maladie.

Ruine.

Déshonneur.

Paralysie, vers la quarantaine. Trente ans à rouler en petite voiture. Puis la mort. Avec la soupe aux nénuphars, on aurait évité ces malheurs. On serait devenu centenaire. Mais n'en parlons plus. Mme de Rosalba n'a rien à ajouter. C'est vingt francs.

M. Vagualame est déjà dans l'escalier.

Pitoyable, Mme de Rosalba lui crie par-dessus

la rampe qu'elle connaît une recette qui fera peut-être son bonheur. Ce n'est point pour la chasteté, cette fois, mais, au contraire, pour la séduction, puisqu'on s'obstine — à ses risques et périls — à vouloir jouer les Don Juan.

5oo grammes de rhubarbe.

1 litre de vin blanc.

Laissez macérer 24 heures la rhubarbe dans le vin blanc. Puis se laver la tête avec ce mélange. Rincer à grande eau. Ainsi sera obtenue la plus éclatante des blondeurs et d'un effet certain sur les personnes d'âge, car, puisqu'il s'agit d'amour, encore un conseil : Ne jamais s'attaquer aux jeunesses. Ne pas courir après des péronnelles qui mènent en bateau ceux qui les courtisent et viennent, spontanément, se donner à qui fait mine de les délaisser pour de plus mûres beautés. Ainsi la Rouquine, si elle doit offrir sa main tachée de son, ce sera parce que sa mère, encore un numéro celle-là, soit dit en passant, aura laissé voir son faible pour le futur. Résumons donc : Rhubarbe. Vin blanc. Sourires aux quinquagénaires. Quant à l'enfant bleu, le baptiser dès sa naissance,

qu'il puisse aller droit au ciel le Chérubin.
Au revoir et merci.

L'homme quitte la maison de la voyante.

La Ville, à nouveau, lui siffle, de glaciale pitié : « J'ai rêvé de toi et j'ai pleuré. »

Une seule phrase. Elle ne trouve rien d'autre à sortir de sa bouche, la grande pétrifiée. Mais, comme dans la chanson, voici le vent d'automne. Berger maléfique, il promène son troupeau, les nuages, et, du ciel tombées sur la terre, se répètent, déformées en monstres mouvants, leurs ombres, plus rapides encore que menaçantes, dont la folie, soudain, balaie, assombrit l'eau des regards trop clairs.

L'homme ricane :

« Dis donc, la Ville, toi qui prétendais forger, à la cadence même de ton orgueil, les plus pourpres secrets et jusqu'au souffle, ce doux chef-d'œuvre, tu grelottes de l'œil. Hystérique! Tu es bonne pour la Salpêtrière. Le salpêtre c'est la syphilis des murs. Déjà tu as perdu tes cheveux. Ta peau, pierreuse, se fleurit des dartres du plâtre. Tu as mal sous le macadam de ton cher crâne. Tes membres se tordent. Attention. J'ai connu, autrefois, dans un village, une femme, sans doute déjà trop vieille pour ce qu'on nomme démence précoce, mais qui ne s'en croyait pas moins tire-bouchon, tant et si bien qu'elle finit par le devenir. Lorsqu'elle fut morte, on eut beau tirer sur la tête, les mains, les pieds, impossible de la redresser. Quant à la mettre en bière ainsi tortillée, autant espérer faire d'un escalier en colimaçon les marches de la Madeleine. Au lieu d'un cercueil, elle eut donc un tonneau, qu'on laissa tout bonnement rouler, le jour des funérailles, du haut de la colline qu'elle habitait, jusqu'au cimetière, dans la plaine.

Toi, tu te métamorphoses en cor de chasse.

L'automne était, depuis longtemps, fameux par ses violons. Tu lui donnes un cuivre, des cuivres, toute une fanfare de sanglots.

Tu rêves, tu pleures.

Et que t'importe la monotonie des paroles, si la musique est variée. Or tu n'as rien négligé pour l'accompagnement. Un peu plus même, et, tu t'arrachais les tibias pour en faire des flûtes. Mais attention. Un squelette est bien vite éparpillé. Va donc te mirer dans le fleuve qui te sert d'armoire à glace et tu verras que ton corps n'a déjà point trop d'os. Il s'affaisse, une vraie galette pour l'épaisseur. Ton anatomie ? plus inextricable qu'un ténia. Des petits cailloux de larmes t'écorchent le regard. Tu n'es plus qu'un monstrueux et ophtalmique serpent. Tout le monde te marche sur le dos, et je te baptise « Rue des Paupières-Rouges... »

Pour une morsure en plein ciel, très grands se sont ouverts les yeux, et, jusqu'à l'éther, allongés les cils de l'homme. Mais, dans les squares, l'herbe, brin à brin, meurt d'un diamant glacé, et, malgré les chaussures, le linge et les habits, ce qui de la chair semblait le mieux protégé déjà se gerce, comme en d'autres saisons, à la tentation des pommes pas mûres, l'algue du goût et les mousses, doucement tendues sur ce qui est palais à la langue.

Perméable à la marée du brouillard,

l'homme quand il passe devant la boutique où sur un lit de feuilles reposent les plus fragiles des pêches, envie, à la fois, leur présent et leur vie antérieure, car tout est toujours simple pour les fruits et leurs. arbres. Dommage qu'octobre ne soit point verger, non plus que vigne la rue des Paupières-Rouges.

Mais puisque le mois, de ses trente et un bras, s'obstine à laisser tomber les mains, les feuilles, qu'aujourd'hui, terrain vague soit oublié pour un fertile hier, voilà des semaines et des semaines quand, frère du cerisier porte-cerises, et du prunier porte-prunes, jaillit du sommeil de la terre février porte-fièvre.

La Ville n'avait ni rêvé, ni pleuré.

Sans nom, alors, était la rue. L'homme, il lui coulait du feu à même la carcasse, et des drôles de langues brûlantes lui léchaient la peau, par-dessous. Ses pieds souffraient, à croire que les engelures n'attendraient plus pour éclater, tulipes écarlates, cependant que son front, ses doigts s'offraient à la caresse de la neige. A la devanture d'une horlogerie, de l'autre côté d'une vitre, parmi les montres et

les bijoux Fix, sur une tablette de velours grenat, un réveille-matin de fer-blanc marquait
l'heure la plus voluptueusement contradictoire,
et, d'un cœur égal, pouvaient être à la fois
chéris et redoutés le froid aux lames trian-
gulaires bien enfoncées dans les muscles, et
cette lave qui donnait sa consumante mesure
au sang. Comme après les vendanges est chan-
tée l'ivresse du dernier soleil et de la première
cuvée, ainsi dans la pénombre glaciale voltigea
un duvet de refrain :

Février porte-fièvre.
Temps nouveau, Temps nouveau.

Le pouce et l'index droit encerclèrent le poignet gauche où battait une veine assez violente
pour imposer son rythme aux paroles. Mais un
dystique ne suffisait point. Il eût fallu des couplets et des couplets. Non seulement à la gloire
du temps nouveau, mais aussi pour dire comment son joyeux contraire, toujours, nous dé-
livre du présent. Or, après le contraire du présent, c'eût été le contraire du contraire du

présent. Donc, ressuscité, le présent lui-même. Un fait certain : au lieu du halo sournois, son couvercle habituel, la ville était couverte d'un ciel en peau de zèbre, noir, blanc, noir, au gré de la fatalité qui voulait le corps d'homme, immobile sur le trottoir, chaud, froid, chaud.

Noir, blanc, noir. Chaud, froid, chaud. Coups en plein cœur, en plein regard. Celui qui est frappé ne saurait dire si c'est de sourde et large massue, ou de dague effilée, fouil-leuse. Février porte-fièvre, comme le prunier porte-prunes, le cerisier porte-cerises. Des muscles, une cervelle se déchirent. Transparences suppliciées. Toile d'araignée à la torture. C'est miracle que la bousculade des gars et des garces ne déchire point cette fragilité, lui soit même, au contraire, douceur et caresse. Miracle aussi que d'un trombone, déjà paradoxal dans une boutique où l'on ne vend qu'accordéons et mandolines, ait jailli une immense flamme.

Abolie, soudain, la mosaïque d'ombre et de lumière, dans la flamme.

Février porte-fièvre.
Temps nouveau. Temps nouveau.

La Ville, en veine de coquetterie, ce jour-là, et parfumée au vieux journal mouillé, dès qu'elle eut vu ce phénix inespéré, pensa qu'il ne serait pas d'un vilain effet sur son chignon. Elle saute à la pâtisserie la plus proche, achète des meringues au vitriol et des croqui-gnoles à la dynamite, offre ces douceurs à l'oi-seau de feu. Mais lui, pas si bête, se refuse à la séduction des sucreries traîtresses. Voici l'em-poisonneuse verte de rage et qui tient à se venger. Elle crie, gesticule, jusqu'à ce qu'il y ait rassemblement autour d'elle, et alors commence une harangue :

« Ce que vous avez cru d'abord une flamme, puis un aigle, braves gens. chers imbéciles, n'est qu'une grande dinde à l'œil de rat, gueule de raie et ailes en mou de veau, plus trouées qu'un châle-tapis que votre arrière-grand'mère aurait oublié de mettre dans la naphtaline. Et garde-toi bien de crier à la merveille, toi la plus grosse et la plus naïve de tous, marchande de volailles. Grande bête ! Si le prestidigitateur faisait vraiment naître de son mouchoir, d'un fond de chapeau haut de forme, ou des basques de son habit en queue de morue, tant de poules et pigeons, tu ne risquerais guère de devenir millionnaire. Cet aviateur à plumes, sorti d'un trombone, tu ne vas pourtant point prétendre qu'il a poussé du cuivre, comme les champignons de la terre humide. L'oiseau n'est qu'un sale voyou. Parce qu'il a entendu que le pape disait : « Nous » en parlant de soi, lui, qui aime à faire le zigotto, veut qu'on l'appelle « Poumons », au pluriel, avec un *s*. Un propre à rien, qui ne sait pas même respirer. Un maquereau. Sa femme, une sacrée par exemple de putain, une nommée « Pleurésie ». Le maître du ménage reste des après-midi planté sur le bord du trottoir. L'animal et la maladie qui lui sert de femelle s'ennuient. Ils quittent la poitrine, leur maison. En avant la vadrouille ! On va donner du bec, là-haut, contre les petits nuages rose pomme, plus froids que glaces au citron. C'est gourmand comme merle. Mais M. les Poumons n'en a plus pour longtemps. Son cœur bat la breloque. Pleurésie — un vrai nom de cour d'assises, braves gens — l'empoisonne goutte à goutte. Elle aura sa peau. C'est elle qui l'a bousculé pour qu'il tombe dans l'instrument, d'où vous l'avez vu sortir, tout à l'heure, chez le marchand d'accordéons. Il s'est fait mal, le pauvre. Il rentre dans sa cage, pas fier. Se cogne aux côtes de l'homme. Il va peut-être mourir entre les barreaux de ce thorax. Entendez comme il tousse. Moi je préfère le chant du cygne... »

Effectivement, l'oiseau a eu de si rauques caprices que l'homme a pris peur. Il l'a emmené au plus haut étage d'un sanatorium gratte-ciel.

« Bon voyage », a sifflé la Ville.

Le lendemain, c'était la Suisse.

Quatre semaines plus tard, le calendrier annonçait la naissance du printemps. Qui l'eût cru ? La neige s'obstinait à tout couvrir d'une même céruse.

Le pays, ni ville, ni village. Un rucher à

malades. Sur leurs balcons-alvéoles, des créatures vivent dans un silence, une immobilité, à croire qu'elles ont perdu même leurs destins. Mais, après le temps disciplinaire de chaise longue a la fin des matinées, on a droit à une heure de gramophone.

Alors tournent, tournent les disques.

Chacun lance sa musique. Se nouent, s'emmêlent les lamentations aux fanfaronnades, rires en triolet, grands rêves sentimentaux. Dans cet inextricable écheveau des airs, nul ne perd le fil du sien. Roulades napolitaines, romances écossaises, zézaiements nègres, cris d'opéra, monologues et boniments de caf'conc', pêle-mêle, se précipitent, se heurtent les uns les autres, aux fenêtres toujours ouvertes. N'importe quelle chanson, pour qui l'a choisie, serait-elle la plus ténue, la plus aigrelette, spontanément abolit toutes les autres.

Or, quand il vint sur la montagne aux gramophones, l'homme n'avait pas, dans ses bagages, la moindre boîte à musique.

Ainsi, perdu au milieu de la savane des sons, où la plus faible liane est lasso, avec

quoi le lanceur à respiration étroite et cœur
sourd étrangle tout ce qui n'est pas le rythme
pour une minute élu, celui autour de qui tant
de solitudes par-dessus les murs embrouil-
laient leurs branches agressives, ne voulut
même pas être une herbe, l'herbe la plus pâle,
sous ces tropiques glacés de l'égoïsme.

Son perpétuel silence, que ne hérissait nul
orgueil, méprisait aussi l'artifice de soi-disant
résignations, toujours certaines, en arrière-
pensée, que l'esprit vengera le corps.

Pour lui, à l'heure du repos forcé, sur le
balcon-alvéole, entre veille et sommeil, le flot
des sapins soudain creusé jamais ne fut symbole de quelque merveilleux talion. Des trous,
parmi les vagues d'ombre déferlant jusqu'au
soignoir, rien ne pouvait surgir qui fût, en
lyrisme ou grandeur, complémentaire de la
déchéance charnelle, comme, du rouge, est le
vert. De cela, du reste, l'homme n'avait plus
ni rancœur, ni dépit, mais que d'autres se
plussent à jouer la comédie de l'humilité, dans
le secret espoir que la maladie ferait sourdre
une source miraculeuse, cet opportunisme

d'opéra-comique, obstiné à se souvenir des cités légendaires et de leurs toits d'or engloutis, visibles aux seuls naufragés, l'avait, une fois pour toutes, mis en garde contre le bas mensonge romantique et réconfortant.

L'océan morne des arbres qui n'ont jamais de feuilles pourrait s'ouvrir, lui, roulerait vers le fond de cet entonnoir, enseveli dans un pan de brouillard. Son immobilité qui creuse les coussins, déjà ne les réchauffe plus. Corps abandonné, vaisseau fantôme. Tu glisses au fil d'un fleuve très incliné. L'horizon chavire. Le sommeil, peut-être la mort... Sans cette douleur inexorable qui a freiné juste au bon moment, à même sa dernière brume de conscience.

L'homme s'éveille, veut bien reconnaître un contour aux sapins, des couleurs exactes à sa couverture. Même, malgré soi, il fredonne le dystique à la gloire de février porte-fièvre. L'imbécile ! Pourquoi avoir crié, avoir cru aux temps nouveaux, lorsque, fibre à fibre, se déchiraient les muscles ? La douleur, cette chienne, il l'a laissée mordre en pleine chair. Habitué dès l'enfance aux peines à leurs guirlandes, couronnes, colliers autour des poitrines, des fronts, des poignets malades, s'il a chanté *Février-porte-fièvre* c'est qu'il espérait, tout comme les petits camarades aujourd'hui dénigrés, que l'orage — mêlant glaces et flammes, ferait d'une électricité plus rare cette pensée, dont il s'était plu à imaginer le tonnerre annonciateur dans les quintes de sa toux.

Or, sur la montagne aux gramophones, à la première aube, quand l'infirmier entra, pour la friction d'alcool et d'eau froide, il comprit la vanité de toute cette imagerie.

La chair peureuse, le cœur mal résigné au jour qui naissait, il se retrouvait livré à la perfidie des lueurs blafardes, abandonné parmi les marécages d'un soleil vague. Entre les hypocrites mousselines de l'aube et des rideaux, il chercha un objet, une précision à quoi accrocher son regard. Seul dessiné, le fer du balcon le sauva de l'enlisement. Or, aujourd'hui, à des mois d'intervalle, sur la rue des Paupières-Rouges pendent les mêmes lambeaux menaçants de brouillard.

Mais, cette fois, pas la moindre bouée.

L'homme s'abandonne à la marée confuse.

Ses dents claquent, ses joues blémissent et chavirent ses yeux. Il n'est plus qu'une épave. Il oublie le prénom, le nom qui le désignèrent vingt-sept années durant. Désormais, et jusqu'à la fin de ses jours, il sera M. Vagualame. M. Vagualame pour de bon, pour de vrai, avec un gros cœur en mie de pain, au milieu de quoi, l'ancienne pythonisse des foires, Mme de Rosalba, pourra planter autant de flèches et aussi saugrenues qu'il lui plaira. Déjà, il cherche la rousse à qui faire un enfant bleu. Peine perdue. Les femmes n'ont plus de couleur que le mauve des violettes moribondes, sur les lèvres, les joues. M. Vagualame, ce soir, devra se contenter d'une créature soudain jaillie, quasi nue et ruisselante de tulle, si décolletée qu'il a froid pour elle et lui offre son manteau, son foulard. La femme, qui les refuse, spontanément se présente.

— Je suis Yolande, la belle Yolande, femme fatale. Soyons amis.

M. Vagualame baise la main de Yolande.

Il comprend alors pourquoi les épaules, la

gorge ne souffrent point de cette brume gla-
cée. Le frétillement de la robe, la pâleur à peine
teintée de la peau, ne sont point seuls à la faire
cousine des poissons, car son sang, lui-même,
ne pèse pas plus en chaleur que celui des
truites. Tant mieux. M. Vagualame, comme
toujours, a la fièvre. D'un côté excès, de l'autre
défaut de température. On aura une moyenne.

Yolande a un éventail. Elle l'ouvre, et à
Vagualame, qui lui en fait un compliment fort
poli, explique : « J'aime les colifichets aux ma-
tières rares et discrètes. Celui-ci est de papier
de verre, simplement serti de clous de girofle.
Je suis le contraire de Mimi Patata qui veut
toujours du clinquant. D'un démodé, la
pauvre. Mais, justement, cette quincaillerie de
faux bijoux qui perce le brouillard s'avance
droit sur nous ; je parie que c'est elle. Tout
juste. Bonjour Mimi... »

Amoureuse du chiffre deux, entre deux âges,
deux vins, deux mesures quand elle danse,
deux notes quand elle chante, l'étoile des
Folies-Bergère a remporté hier soir, à la générale, un immense succès dans la zigzagante,

qu'elle a interprétée avec le plus grand natu-
rel. Comble de bonheur. On lui a présenté un
Maharadjah dont les trente femmes ont accou-
ché, toutes les même jour, voilà quelque vingt-
cinq ans, chacune d'une paire de jumeaux.
Alors les twins dalécarliens ne lui sont plus
d'un tel prix. Qu'ils marchent au doigt et à
l'œil, sinon, petite tournée dans les états du
papa Maharadjah, et Mimi s'envoie les trente
paires de jeunes et beaux Hindous. Vous entendez, les Twins.

Sortis d'on ne sait quel pan de l'ombre, les
twins sourient en mesure à leur commune
maîtresse qui joue l'indifférente.

Yolande décrète :

— On va chez moi.

II

Chez Yolande. — La Rosalba n'y a vu que du feu. —
L'incroyable vérité. — La morte vivante. — Le fakir. —
Le taureau d'appartement. — Le rat qui pèse cinquante
kilos. — Le passé de Yolande, sa vie du temps qu'elle
s'appelait Myrto-Myrta. — La Cour d'Autriche pendant
la guerre. — Les dessous de l'espionnage. — Myrto-
Myrta est vendue par un homme mystérieux, rencontré
et aimé un soir à Séville. — Conseil de guerre. — Le
poteau de Vincennes. — Comment elle est ressuscitée
à coups de fakir. — Elle devient Yolande. — Le fakir
fait des siennes. — Tristes souvenirs. — Avant Myrto-
Myrta il y avait la petite Camille, fille de cocher. —
Une enfance à Picpus. — Pauline, la jumelle de Camille. — Chanson des tireurs de nattes. — Pouvoir
maléfique du mot « prépuce ». — Un cocher de père se
fracasse le crâne contre une bordure de trottoir. — Une
veuve qui rôtit le balai. — Où Camille et Pauline, sa
jumelle, violées par l'Italien, amant de leur mère, demandent encore, encore. — On les exile à la foire du
Trône, chez leur marraine Rachel, dompteuse de puces.
— Au cri de « pique-puce », la future Myrto-Myrta-Yo-

lande décime la ménagerie. — Rêves et remords. — Rachel, ruinée, part avec ses filleules à la recherche de la veuve. — La veuve, ruinée elle aussi, battue, trompée par l'Italien, s'autorise du profil dont elle est redevable à des coups de poings bien appliqués, pour se métamorphoser en Mme Dante. — Rachel devient extra-lucide. — Sa métamorphose en Mme de Rosalba. — Où l'on apprend que Mimi Patata dès l'âge nubile fut amoureuse des jumeaux et jumelles et que Pauline, la sœur de Camille-Myrto-Myrta-Yolande, est mère d'une fille rousse. — C'est cette rouquine, symbole pour elle de la perfection, que la naïve Rosalba prédit à ses clients lorsqu'elle veut leur faire plaisir.

Chez Yolande.

Dîner expédié en deux temps, deux mouvements, à cause de Mimi qui passe avec la zigzagante, tout de suite après l'entr'acte.

Donc, au dessert, elle se lève et s'en va suivie de ses « twins ».

Yolande et M. Vagualame, restés seuls, vont s'asseoir au salon, Yolande dans sa cathèdre, d'où elle domine M. Vagualame tout petit sur l'un des tabourets du petit-fils d'Abd el-Kader. D'un geste souverain, la maîtresse de céans désigne les merveilles gothico-arabes et conclut :

— Mme de Rosalba ne vous a point trompé,
monsieur, du moins quant aux meubles et bi-
belots de ma précieuse collection. Grâce à elle,
avant même que d'entrer, vous aviez une idée
fort juste des chefs-d'œuvre que je me suis
plu à réunir entre ces murs. Mais votre
voyante a menti et sera châtiée d'avoir menti
en tout ce qui concerne mon intimité, mes
amis et les débauches auxquelles, soi-disant,
eux et moi nous livrons de compagnie. Je
connais Mme Rosalba et sais toujours ce qu'elle
va dire. Comment ? Pourquoi ? C'est mon
affaire. Elle, par contre, ignore tout de moi.
Tout l'essentiel, s'entend. La vérité, monsieur,
ma vérité, la tuerait, si férue qu'elle veuille
bien se prétendre des plus mystérieuses
sciences. Elle ne serait d'ailleurs point la seule,
car, pour entendre mon secret, il faut des in-
telligences et des nerfs solides, un peu plus
solides, par exemple, que ceux de notre bonne
Patata et de ses jumeaux. Une seule fois, j'ai
failli avouer. C'était au Prince de Galles. A la
dernière seconde, j'ai reculé. Son Altesse aurait
été prise entre l'affection que j'aime à croire

qu'Elle veut bien me porter et les devoirs de sa naissance. En définitive, j'ai épargné au prince l'épreuve de ce cornélien dilemme. Sans soupçonner le mystère de ma vie, un de ces mystères qui font chavirer les esprits, bouleversent les cités, ruinent les civilisations, il continue de hanter cette maison, de s'y livrer comme par le passé aux innocentes délices de la broderie anglaise. Il vient même d'achever un grand dessus de lit dont il m'a fait présent et que je vous montrerai, plus tard. Ceci dit, puisque vous vous estimez un homme fort, monsieur, tenez-vous des deux mains à votre tabouret, car, à vous enfin, je vais tout confesser. Oubliez l'épave que j'arrachai au brouillard de la rue des Paupières-Rouges. Redevenez celui de jadis, le navigateur du sous-marin de cristal à pavois d'orgueil. Retrouvez ce bateau qui blessait les rochers. Il était à votre taille et sa transparence, sur mesure, ne craignait ni les poissons-torpilles, ni les requins à dents de scie. Bien couché tout au long de la cale, à nouveau, explorez les abîmes. Les raies donnant de leurs gueules mauves contre le navire, pour elles, invisibles, feront à vos rêves une couronne d'orchidées, froides comme les mains que l'altière Yolande daigne nouer autour de votre front. Fermez les yeux, Vagualame. Des profondeurs monte une voix. La voix de Yolande. Et Yolande, c'est la femme-mystère. D'elle vous ne savez qu'un prénom. Or, un prénom, jamais n'a suffi à expliquer une femme. Tout à l'heure, rue des Paupières-Rouges, vous avez vu, de loin, venir Mimi et ses jumeaux. Mais Yolande, elle, comment a-t-elle jailli du trottoir ?...

— Jailli du trottoir ? répète Vagualame.

... Jailli comme jaillit l'iris que ses adorateurs, cent fois, que dis-je ? mille fois, des milliers et des milliers de fois, lui ont dit qu'elle était. Iris. Elle ne s'habille que de tulle noir.

Et elle explique :

— Mes joues, mes lèvres, tout mon visage, mon cou, mes bras sont blancs, blancs, blancs ; et blanche toute ma personne, plus que blanche, incolore, exsangue, sous le maquillage et la robe dont je les ai revêtus. De couleur authentique il n'y a que le gris pierre des yeux.

Ma peau est lisse comme celle des plantes. Et sans chaleur aussi. Vous voulez vous rendre compte ? Touchez des doigts, des lèvres. On vous permet tous les contacts. Approchez. Viens, mon chéri. Profite de l'occasion. Tu ne rencontreras pas à tous les coins une morte qui parle et qui remue. Je t'ai promis la vérité. Je viens de te la dire. Je suis une morte. Et pas le seul être incroyable de la maison. Suis-moi, je vais te présenter au fakir, au taureau d'appartement, au rat qui pèse cinquante kilos.

D'abord le fakir. C'est ici. Ouvrons. Bonsoir, fakir. Tu le trouves un peu ratatiné pour ton goût. Dame, cinquante ans sans manger, sans boire, sans bouger. Il a fermé les poings quand il avait vingt ans. Il en a soixante-dix et ne les a jamais rouverts. Ses ongles lui ont transpercé les paumes. Eh bien, mon cher, c'est à ce père tranquille que je dois de n'être point déjà pourrie dans un cercueil. Mon corps se nourrit de son contact. Sans doute, je demeure privée de la température et des couleurs des vivants. Mais tout s'arrange. Mes bras sont célèbres, et je n'ai qu'à me peindre du haut en bas, après ma toilette. Tu te demandes comment un fakir a pu redonner parole, mouvement, intelligence à la morte que je confesse avoir été. Je n'en sais rien moi-même. Secret des Indes que l'Europe ne saurait expliquer. Le fakir était dans une riche famille de Pondichéry. Tu penses qu'il ne coûtait pas des millions à entretenir. Tout de même, ses propriétaires, soudain ruinés, s'en défirent. Un homme qui m'aimait me le rapporta. Il connaissait la manière de s'en servir, qui, d'ailleurs, est fort simple. Une application sur la peau du grand visionnaire, à volume réduit, et ce condensé des forces psychiques redonne les plus essentiels des attributs de la vie. Donc, je le promène par tout mon corps, tout mon visage. Il faut procéder à cette petite opération au moins deux fois chaque jour. En voyage, par exemple, ce n'est guère pratique. Si recroquevillé qu'il soit, le pauvre chou ne tient pas dans une simple valise. On doit le mettre aux bagages. Je lui ai fait faire une petite malle où il se trouve comme coq en pâte. N'empêche que j'ai toujours peur qu'on me l'abîme ou me le perde. Un jour, à la gare de Florence, imagine-toi qu'on ne le retrouvait plus. Enfin, on me l'a rapporté. Juste à temps. Il est vrai, je n'ai jamais eu d'autres ennuis. Brave petit fakir. Pas coureur, pas bruyant. Et ce silence oriental. Quel camouflet au débraillé européen. Tu penses comme je remercie du fond du cœur celui qui le rapporta. C'était un Anglais d'excellente famille avec château en Écosse, villa à Beaulieu, yacht et tout le bata-clan. Et des manières, mon petit. Le soir, pour le dîner, toujours smoking ou habit, même si nous n'étions que nous deux. Pas de poil aux pattes. La peau, un velours, avec des muscles qui couraient dessous. Toutes les femmes en étaient folles. Aujourd'hui encore, je perds la tête rien qu'à me le rappeler. Imagine le coup de foudre quand je l'ai rencontré. Alors je n'avais pas besoin d'un fakir pour remuer bras et jambes. Je m'appelais Myrto-Myrta. J'avais le sang chaud. Je dansais. Pas la zigzagante, bien sûr, mais de vraies danses avec chassés-battus, déboulés, pointes et grand écart, des danses espagnoles, grecques, napolitaines, arabes, tziganes, chinoises, thibétaines, nègres, des excentriques et des à tutus. Il y en avait pour tous les goûts. La guerre interrompit mes représentations. L'Anglais, qui, afin de continuer à mener son train de vie, avait dû accepter les propositions de l'Intelligence Service, me casa dans l'espionnage. Nous avions l'un et l'autre autant d'activité que d'appétit. Servir des deux côtés à la fois était un jeu d'enfant. Pas un râtelier où nous n'ayons mangé.

A Vienne, sous les noms de Baron et Baronne Von Veidt, nous avions nos grandes et petites entrées à la Cour. Le vieux François-Joseph, qui, malgré son âge, regardait encore beaucoup les femmes, eut pour moi tant de galants égards, que, bientôt, la ville entière prétendit que j'étais sa maîtresse. Je laissai dire. L'Empereur était fort peu exigeant. On le mettait aux anges rien qu'à lui pincer le menton en chantonnant : Je te tiens par la barbichette.

De ma plus douce main je caressais le front ridé, les célèbres favoris. Souvent aussi nous imaginions de grandes chasses à l'isard dans le Tyrol, quand la guerre serait finie. Je m'étais même déjà commandé une petite culotte courte en peau. Pour me récompenser de toutes mes gentillesses, il me racontait les secrets des Habsbourg et de l'Empire. J'en ai entendu, allez. De quoi écrire des livres et des livres. Lui, quand il m'avait ouvert tout grand son vieux cœur, il s'endormait, un sourire de bien-heureux aux lèvres. Je l'aimais au fond, ce cher Franfranz. Mais vous pensez que je n'allais point perdre mon temps à m'attendrir. Tout ce qu'il me dégoisait valait son pesant d'or, et, à peine avait-il fermé l'œil, je rentrais à la maison, où mon chéri et moi, nous nous occupions de nos rapports. Hélas, le chéri reçut de Londres l'ordre de partir pour les Indes. Moi, je devais demeurer en Autriche. Mauvais moment à passer. Franfranz se répétait. Il avait des idées fixes. Il baissait. Il mourut. Je pris le deuil. Rien à tirer du successeur qui aimait sa légitime et n'arrêtait pas de lui faire des enfants. Ma Myrto-Myrta vend aux Vien-nois les plans stratégiques de Clermont-Ferrand et de Brive-la-Gaillardé, et, comme elle a de quoi se payer de petites vacances, vous prend ses cliques et ses claques. Et c'est l'Espagne et ses castagnettes, comme on dit dans la revue de Mimi. Mauvaise inspiration. L'Anglais ne reviendra pas avant des mois et des mois. Myrto-Myrta s'ennuie. A Grenade, un soir, dans les jardins de l'Alhambra, un beau garçon lui offre des œillets. On s'embrasse. On rentre à l'hôtel. On fait l'amour. Ouf. On refait l'amour. Myrto-Myrta n'oublie pas son chéri. Mais le remplaçant ne lui déplaît guère. Il l'interroge. Elle y va de ses petites fausses confidences, si jolies, si bien empapillotées que, pour sûr, il n'y voit que du feu. Lui joue au cachottier. Elle le baptise M. Mystère. Un jour, M. Mystère doit rentrer en France. Il la supplie de le suivre. Elle accepte. Les voilà dans un grand lit de milieu, à Paris. M. Mystère raconte qu'il est né un dimanche à midi.

— Et après ? interroge Myrto-Myrta qui n'a jamais aimé les boniments à la graisse de chevaux de bois.

— Après, répond M. Mystère, voici l'après, Madame. Comme tous ceux qui sont nés un dimanche à midi, je devine, je sens, je sais ce qu'on veut me cacher.

M. Mystère contracte les mâchoires. Myrto-Myrta prend peur des petites taches jaunes soudain allumées dans ses yeux. Elle veut se lever, fuir. Mais déjà il lui a tordu les poignets. Elle crie. Il serre davantage et elle hurle. Il ricane :

— Pas besoin de vous effrayer, madame la Maîtresse de François-Joseph, la police va venir vous délivrer de moi...

Voici, en effet, les flics. On tire la femme des draps. Elle a une crise de nerfs. L'homme se lève. Il fait le malin :

— Vous avez su dissimuler, Madame, mais vous n'avez pas été la plus forte. Permettez que je me présente. Capitaine X... du deuxième bureau et chargé de remettre aux mains des autorités françaises la traîtresse qui a vendu les plans stratégiques de Clermont-Ferrand et de Brive-la-Gaillarde. Je vous remercie, Madame, d'avoir si bien su rendre agréable à l'homme l'austère mission du soldat.

Rien qu'à se rappeler la nique du capitaine et les mots dont il la narguait, la ci-devant Myrto-Myrta, Yolande, aujourd'hui encore, s'exaspère. Elle prend Vagualame à témoin.

— Avez-vous jamais vu pareil soudard ? Et qui aurait pu deviner sous le masque du gosse bien balancé le vrai visage de M. Mystère ? J'avais beau m'y connaître en espions, j'étais faite. M. Mystère m'accompagna jusqu'à Saint-Lazare, où ma seule vengeance fut de lui cracher au visage, en guise d'adieu. Ma colère ainsi apaisée je décidai d'accepter sans broncher toutes les épreuves à venir, me disant : « J'ai joué, j'ai perdu ». Donc, ce fut partout le même et impassible visage, dans mon cachot, chez le juge d'instruction, au conseil de guerre, lorsqu'on lut la sentence qui me condamnait à la peine capitale. Mon avocat avait écrit aux Indes, et juste la veille du jour que je devais être exécutée, j'apprends que mon chéri, demain, sera de retour, avec un fakir dernier cri et la manière de s'en servir. Il paraît que je suis sauvée. Je danse. Je chante. Les bonnes sœurs me croient folle. Qu'elles aillent au diable ! Je ne ferme pas l'œil de la nuit. Enfin voici l'aube expiatoire, comme dit le ratichon qui s'amène dès potron-minet. Mais à la porte le bonhomme noir ! J'aime mieux le traditionnel verre de rhum que son *De profundis*. Je me fais belle. A me voir, on croirait que je vais à une messe de mariage. Robe de soie noire à grand jabot plissé, souliers vernis. Bas à jours, comme c'était la mode alors. Sur les épaules un renard argenté. Chapeau monumental de velours aubergine, avec grande plume du même ton. Quelques bijoux. Ni diamants, ni rubis. Rien que des perles, un saphir à l'annulaire gauche, mon sautoir de Lalique or et cristal, terminé par le face-à-main. On vient me chercher. Une seconde, s'il vous plaît. Un petit nuage de poudre et je suis prête. Les prisons de la troisième république manquent de miroir... Voilà. Ne vous impatientez donc pas. On y va. On y va.

Le terrain d'exécution. Je descends du fourgon automobile qui m'y a conduite. Mon défenseur m'offre le bras. Nous marchons entre deux haies de soldats casqués, armés. Grâce au face-à-main qui me donne une contenance, et à la plume d'autruche aubergine, j'ai l'air d'une reine qui passe la revue de ses troupes. Nous arrivons au poteau : on m'attache. Les maladroits ont froissé ma robe. Tant pis. Elle en verra d'autres. Je ne veux pas quitter mon chapeau. Je refuse de me laisser bander les yeux. Mon avocat me baise la main. Le commandant du peloton est si troublé que je crie moi-même : « Feu ». On tire. Je tombe. Je suis morte.

Ma résurrection.

Mon corps a été réclamé, soi-disant par ma famille. En vérité, on m'a transportée chez mon chéri. Mes yeux viennent de se rouvrir et voient l'incomparable amant qui promène le fakir sur mon cadavre nu. Ce contact cicatrise les blessures et réveille les sens. L'avocat est à mon chevet. Il me présente un petit vieux bien propre, médecin spirite, de ses amis, venu surveiller l'opération que cet amour d'Anglais tenait à exécuter de ses propres mains. Le médecin spirite est tout joyeux car il paraît que j'ai, à la minute, retrouvé mon aura. Bientôt, je pourrai gambader, rire, aimer. Toutefois je n'aurai plus jamais ni température, ni couleur. Il faut m'y résigner. C'était prévu. Et mon défenseur qui n'oublie jamais rien m'offre une boîte de maquillage. Mon chéri entonne le *God save the king* et me fakirise de toutes ses forces. Le travail achevé, l'avocat et le docteur s'en vont. Mon chéri pose le magot sur le bord de la table, et vite, en deux temps, deux mouvements, se déshabille. Vlan, le veston dans un coin, les bretelles dans un autre. Tout valse : gilet, pantalon, chemise, chaussures, cravate. Cette belle viande d'homme rose est plus que jamais affolante comparée au parchemin tendu sur les os du ratatiné.

— A votre bonne santé, fakir. On va y aller d'un bon petit zig-zig. Et vous n'aurez pas à vous plaindre, avec un aussi joli couple à vos pieds, lui, vicieux comme un Anglais, elle, qu'il caresse en l'appelant « son chère petite morte parlante et remuante », pâmée, la grande amoureuse. Ils s'étreignent à s'en faire craquer la carcasse.

Malheur à eux !

Myrto-Myrta oublie qu'elle n'est pas plus chaude que glace. Un buveur de whisky, à se frotter contre une banquise, à se coucher à plat ventre sur un iceberg, s'y rouler, risque fort une congestion. Que ne s'en est-elle souvenue, alors qu'elle rêvait, neige, de se laisser fondre entre les bras, entre les jambes d'un volcan. Lui, soudain, flamboya, rouge, bleu, vert, violet, noir, et après ce spasme arc-en-ciel, devint blanc et froid, aussi blanc, aussi froid qu'elle. Il ne bougeait plus. Donc il était mort. Myrto-Myrta prit le fakir, le promena par tout son corps, ainsi qu'elle l'avait vu faire pour soi. Ouitche ! Sa résurrection avait vidé le sacré petit bonhomme. Et elle, qui aurait tant voulu, à son tour, sauver son sauveur ! Le temps que le fakir se recharge, son chéri serait trop définitivement mort pour qu'il puisse jamais lui être rendu. Et puis elle-même devra, d'ici moins de douze heures, être refakirisée. Certes elle passerait bien son tour, mais si le sacrifice, par miracle, n'était pas inutile, d'une vie dont elle se serait privée, en renonçant à sa propre et indispensable pitance de forces psychiques, n'aurait que faire le tendre Anglo-Saxon qui n'a jamais cessé de jurer que, sans sa Myrto-Myrta, l'existence lui apparaissait le pire des maux.

Elle ne sait où donner de la tête. Elle crie, elle hurle. Et le fakir qui ne grouille pas. Prières, injures, gifles, sanglots, menaces. Rien n'y fait. Il ne remue ni pied ni patte. Volontiers, Yolande le jetterait par la fenêtre. Mais elle n'a pas de temps à perdre. Elle remet le ratatiné sur la table, téléphone à l'avocat. Il arrive avec le médecin spirite qui ne peut que constater le décès de l'Anglais.

On se hâte d'habiller, de peindre Myrto-Myrta qui part, avec sous son bras, le fakir enveloppé dans des journaux.

C'est une autre vie qui commence.

Pendant qu'on fusillait Myrto-Myrta, pour passer le temps l'Anglais avait eu l'excellente idée d'aller toucher le gros chèque, prix de ses services en Autriche et aux Indes. Donc la ressuscitée, qui a pris son portefeuille et quelques mèches de ses cheveux, en guise de souvenir, a de l'argent. Et d'une. Elle a besoin d'un nouvel état civil, et s'appellera, dorénavant, Yolande de Scabieuse. Et de deux. Bientôt, parce que Scabieuse prête aux sobriquets et que les échotiers l'ont surnommée la Scabreuse, elle sera Yolande tout court. Elle a le culte de la famille, de l'amitié et s'arrange à renouer avec tous ceux qui furent chers à Myrto-Myrta, qu'ils pensent morte et ne reconnaîtront point. D'abord, le Prince de Galles. Les Anglais ne posent jamais de questions indiscrètes. Et puis l'héritier ne va pas chercher midi à quatorze heures et n'écouterait même pas l'incroyable histoire. Quant à la Patata qui fut liée, dès l'enfance, avec Myrto-Myrta, comme il y a eu très souvent rivalité entre les deux dames, depuis qu'elle la croit enterrée elle se venge. Et souvent Yolande doit subir un flot de calomnies, dont elle ne peut même pas interrompre le cours. Elle écoute, les dents serrées, ne souffle mot mais n'en pense pas moins :

« Quelle grande lâche, cette Patata. Un jour ou l'autre elle verra ce qu'il en coûte de s'attaquer à la mémoire d'une disparue. Répands ton fiel, ma jolie. Yolande te rattrapera au tournant. »

L'extra-lucide Rosalba ne se doute de rien, non plus que la sœur de la ci-devant Myrto-Myrta, son beau-frère, sa nièce. La nièce, le beau-frère et surtout la sœur, sa jumelle, si la ressuscitée avait, dans son récit, été fidèle à l'ordre chronologique, M. Vagualame connaîtrait déjà toute cette petite famille. Mais on a beau avoir la tête solide, tant de drames finissent toujours par vous la mettre à l'envers et notre Yolande a tout simplement attelé le sapin avant le canasson, comme disait son père, cocher, mais d'intelligence assez rigoureuse, d'esprit assez réaliste, pour corriger, en l'adaptant aux nécessités citadines, le vieux cliché agricole des bœufs et de la charrue.

Avant Myrto-Myrta — déjà un pseudonyme — il y avait une charmante enfant, Camille, de son nom de baptême. Pauline était la jumelle de Camille. État civil un peu cornélien, sans

doute, mais que la suite fatale des choses devait
se plaire à justifier, quoique le père, qui ne
destinait ses petites ni à des traîneurs de sabre
du modèle Horace, Curiace, ni à des buveurs
d'eau bénite à la Polyeucte, n'eût jamais entendu signifier ainsi qu'elles pussent connaître le tragique et grandiose destin des
amantes écartelées, comme, par exemple, ce
fut le cas pour la narratrice, le jour que, nue,
échevelée, en larmes, elle courut du fakir
épuisé à l'Anglais déjà froid et de l'Anglais
au fakir, sans trouver la solution satisfai-
sante pour la bonne raison qu'il n'y avait pas,
qu'il ne pouvait y avoir de solution satis-
faisante.

Le cocher, par légitime orgueil professionnel, avait appelé « Urbaine » sa première-née
morte en bas âge. Pour les suivantes, il avait
donc décidé qu'elles seraient Camille et Pauline, puisque, après l'Urbaine, les deux plus
fameuses Compagnies de fiacres étaient, l'une,
la Camille, l'autre, la Pauline.

Le cocher et les siens habitaient Picpus, ce
dont le sort tira prétexte pour la tragédie, qui,

par le trépas de l'un d'eux, métamorphosa la vie des autres.

A l'école, on taquinait les petites :

— Tiens, voilà les celles qui piquent les puces.

Dans la rue, les garçons tiraient leurs nattes en chantant :

> *Pique puce*
> *Mes pucelles*
> *Mon prépuce*
> *A du sel*
> *Pour la celle*
> *Sans puce.*

A cause du sel, les naïves croient que prépuce est un mot distingué pour dire : épicier. Une après-midi, que sa mère l'a envoyée acheter deux sous de moutarde, la future amie du Prince de Galles, déjà éprise de pompe et de mystérieuses formules, après avoir tiré sa révérence au commis qui l'a servie, très grande dame : « Au revoir et merci, prépuce ». Le commis aime la gaudriole. Il lui offre trois bonbons acidulés, un rouge, un jaune, un vert, pour que trois fois elle répète : « Merci prépuce ». La caissière a surveillé le manège, tendu l'oreille. On vient justement de circoncire son fils, un gamin de dix ans, rapport à de vilaines habitudes, et, dans son dictionnaire à sensualités, prépuce signifie vice puéril. Elle sort de sa boîte le porte-plume piqué à même un majestueux faux chignon.

— Prenez-vous l'épicerie pour une maison à gros numéro, Augusse ?

— La paix, vieille chouette.

— Mal poli ! Et toi, petite saleté, dépêchetoi de déguerpir. Malheur ! Ça n'a pas fini sa croissance et ça fait déjà sa traînée.

Arrive le père, très olympien sur son fiacre.

Camille hurle : « Papa, papa, elle m'a appelée traînée. »

Un fouet claque.

— Vous voulez danser, mère grinchue ?

L'additionneuse se trouve mal. Rassemblement. Le pharmacien du coin apporte de l'eau de mélisse. Un sergent de ville prend à partie le cocher descendu de son siège et jure qu'il saura bien, malgré sa résistance, le conduire jusqu'au poste. Bagarre. Un chapeau haut de forme en cuir bouilli roule dans le ruisseau et celui qui engendra tombe si malencontreusement que son crâne s'en vient donner et se fendre contre la bordure du trottoir.

Transporté à l'hôpital, il meurt le lendemain.

La veuve vend le fiacre, s'achète un corset rose, des pantalons festonnés, douze chemises à faveurs et se met en ménage avec un Napolitain, vrai matou, qui vaut cent fois, au moins, le cocher, pour l'amour. Mais, à peine a-t-elle tourné le dos, l'Italien, en vitesse, viole les jumelles qui demandent « encore, encore ». L'Italien va répondre dignement au chœur des deux insatiables. Mais rentre, à cette minute, la veuve, qui pense fort judicieusement qu'un homme n'est pas un fruit à côtes, comme le melon, fait, d'après Bernardin de Saint-Pierre, pour être mangé en famille.

— Et s'il te plaît, macaroni, qui donc a les clefs de l'armoire à glace, où sont cachés les sous ? Il reste trois quarts de bagnole et de canasson à boulotter. Alors il faut choisir. La

veuve aime la bagatelle, bien sûr, mais elle
n'est pas gnole à permettre qu'on la marloute,
et qu'on se paie sa bobine par-dessus le mar-
ché. Attends un peu, zigoto. La veuve sait
nager. Et puis elle a des avantages qui se
posent là. Hier, dans l'omnibus Madeleine-
Bastille, un gandin à moustaches blondes, souliers vernis, col empesé, a été bien content de
la pincer. A preuve qu'elle a encore un bleu
sur la fesse droite. Donc, tu peux penser qu'elle
ne serait point dans l'embarras pour trouver
un autre homme, avec cette croupe et ces bras
costauds qui serrent très fort les beaux gosses,
mais de taille, attention, grand flandrin, à
flanquer une bonne ratatouille aux sales frappes
qui lui manqueront de respect. Ce n'est pas
tout. On te sait porté sur le zigouigoui. Tu
aimes les trous à croire que tu as eu une
grand'mère taupe. Donc certain que tu n'as
pas oublié la belle surprise, la première fois
que tu as exploré la veuve. Vois. Tu te lèches
les babines, rien qu'à te rappeler qu'elle l'a en
casse-noisette. Pas besoin d'en dire davantage.
On se comprend. Quand tu t'es bien esbigné,

macaroni, ta bouche sur sa bouche, et ce qui te gonfle au bas-ventre dans ce qui se creuse entre ses jambes, tous les deux à poil, le petit muscle au fin fond du fin fond, qu'elle fait jouer à volonté, bigne, il n'en faut pas plus pour que tu te croies au beau milieu du paradis. Voilà de la belle ouvrage, et qui te met jusqu'aux doigts de pieds en éventail. Essaie donc de demander de ces trucs à une jeunesse anémique. Les jumelles, par exemple, c'est d'un fadasse. Si tu y tiens, tu peux toujours les emmener. Mais on t'aura prévenu. Elles ont leurs liquettes et leurs frusques. Pas un radis. Et trop mômes pour faire le trottoir. Comme tu n'as jamais eu, toi, d'autre métier que celui de te promener et d'offrir des statuettes en plâtre aux passants, vous ne ferez pas florès, à vous trois. La veuve ne te l'envoie pas dire.

Elle a un gentil petit saint-frusquin et sait fort bien qu'elle joue sur le velours. Tu n'as donc plus qu'à lui demander pardon, l'embrasser, la bichonner. Tu n'es guère à plaindre, beau ténébreux. Vous vous enlacez, vous chavirez et déjà le lit se creuse sous votre étreinte.

Quelle fricassée de cuisses ! Les jumelles en pleurent de rage. Vengée, leur mère se délecte d'une victoire aussi douce à son cœur qu'à la caresse de ses doigts, les cheveux frisés, les lèvres, les longs cils battants et surtout, très bas, protégé par la douce peau du cou, un chignon de muscles.

Pardonné, le Napolitain se relève, va remettre de l'ordre dans son vêtement quelque peu dérangé par les exploits qui l'ont réhabilité. Il revient avec sa mandoline et chante « O sole mio ». Alors, sous le corsage que ragrafe la mieux satisfaite des veuves qui rôtissent le balai, un paon blanc fait la roue. De son corps, figuré par le nombril, s'épanouit, étincelle un demi-cercle de givre et de glace. Quant aux jumelles, impossible qu'elles-mêmes ne s'émeuvent aussi à ces ténorinades d'une bouche en cul-de-poule, œufs dont se cassent les coquilles pour de fragiles naissances d'oiseaux couleur d'aquarelle, qui, bien sûr, ne sont pas les hirondelles des simples beaux jours fredonnant :

Sur votre sein, la belle.
J'irai me reposer,

mais, frères aériens des poissons japonais, légère troupe qui voltige attendrie parmi le ciel de deux fois deux yeux. Or, à se pencher au bord des paupières, pris de vertige, ces transparents colibris tombent, et, dans leur chute, fondent de peur.

Autrement dit, voilà nos jumelles en larmes.

Leur mère, qui ne saurait supporter qu'on lui gâte un si pur plaisir, gronde :

— Grandes dindes, au lieu de nous ennuyer avec vos jérémiades, vous auriez mieux fait de surveiller vos pucelages...

Prépuce, pucelage, une même et unique famille où tout le monde se chatouille sous les aisselles et la plante des pieds. Camille rit. C'est nerveux. Elle saute sur sa chaise. La danse de Saint-Guy en chair et en os. L'Italien croit qu'elle se moque et jette la mandoline par la fenêtre. Cette vie ne peut plus durer. Camille et Pauline iront vivre avec leur marraine, la cousine Rachel, dont la roulotte a place d'honneur dans toutes les foires parisiennes.

C'est alors que la future Yolande commence à prendre le goût des grandeurs et à rêver de vie en beauté. L'y incitent les lieux mêmes du campement, et surtout la très flamboyante personne de sa marraine.

Avec son immense chapeau de feutre beige relevé à droite d'un cabochon façon améthyste et fer forgé, ombragé d'une plume azur qui fait le tour de la coiffe, tombe en cascade par derrière et lui bat les fesses, avec son casaquin de velours vert et la longue jupe à traîne taillée dans la robe d'astrologue de son défunt (semis d'étoiles d'or, sur fond rouge), avec sa cravache, ses gros colliers et bracelets de zinc, son maquillage arrogant et les bottes russes, cuir violet soutaché d'argent, qu'elle découvre lorsqu'elle relève d'une main gantée à crispin son cotillon, Rachel vous a des faux airs de Mlle de Montpensier. Dans la satinette d'un vieil édredon et l'andrinople de rideaux désaffectés, elle a trouvé de quoi tailler des costumes de pages pour ses filleules, et, à huit heures, tous les soirs de la semaine, au début de l'après-midi le dimanche et le jeudi, en grande pompe, on descend les quatre marches qui mènent de la roulotte au trottoir. Les pages arrangent une haute table de peluche grenat, tandis que la simili Montpensier va, vient, amazone diabolique et déchue, mais qui espère l'étalon aux naseaux de cauchemar et sabots de feu, à jaillir soudain d'entre les pavés.

Et pourquoi pas ?

Feu l'astrologue, à force de regarder la grande ourse, avait bien fini par y lire qu'on revient plusieurs fois sur la terre. Lui, à l'avant-dernier tour, il avait été Napoléon, pas celui de 70, non, mais le grand, le vrai, le seul, qui allait en Russie *pedibus cum jambis*, avec toute une armée, histoire de se dérouiller les jarrets, et n'eut tort qu'une seule fois dans sa vie, en quittant, après des années et des années, sa bonne vieille Joséphine, pour faire un gosse à la demoiselle de l'Empereur d'Autriche. Rachel, sans avoir jamais connu pareil éclat, tout de même, à la précédente tournée, avait été une femme dont elle ne se rappelle plus le nom pourtant célèbre et qui tenait le milieu entre Cléo de Mérode et la reine Amélie de Portugal. Et c'est pourquoi elle porte, aujourd'hui, tant d'astres à sa robe. Mais la pluie déteint, la poussière éraille, le temps ternit les plus constellées des soies, et le coursier digne de ses chimériques atours ne vient pas souvent au rendez-vous. Elle doit, encore, toujours, remettre la merveilleuse et infernale chevauchée, se résigner à la table de peluche grenat, puisque les nécessités de l'existence l'ont faite dompteuse de puces.

Or, voici justement les jumelles-pages qui apportent les fauves minuscules dans des cages à leur échelle : « Approchez, Messieurs, Mesdames, et vous aussi, militaires et bonnes d'enfants. Des puces, oui, des puces, de simples puces, vont danser, jouer du violon, tirer des brouettes, faire le ménage, monter en voiture. Aussi intelligentes que l'architecte qui a construit la Tour Eiffel, gaies comme pinsons, jolies comme des cœurs. Approchez donc, Messieurs, Mesdames, et vous aussi, militaires et bonnes d'enfants... »

Tandis que Rachel scande son boniment à coups de cravache sur le sol, Camille fredonne tout bas, rien que pour soi, la chanson des tireurs de nattes :

> *Pique puce*
> *Mes pucelles*
> *Mon prépuce*
> *A du sel*
> *Pour la celle*
> *Sans puce.*

Elle s'effraie, rien qu'à prononcer le mot prépuce depuis que, par la plus maléfique magie des syllabes satinées, son cocher de père s'est fracassé le crâne contre une bordure de trottoir. Mais la nuit, quand Rachel dort, elle se lève, pour aller, en cachette, au cri de pique-puce, chatouiller avec une pointe d'aiguille ou d'épingle la ménagerie de sa marraine.

Elle s'en donne, avant, pendant, après, car, recouchée, rendormie, elle savoure un songe qui, mêlant peur et remords, est meilleur que le citron pour qui aime à grincer des dents.

Rachel, plus charlatane que jamais, a frotté une allumette au dos de sa main et toute la foire s'illumine du feu de sa vengeance. Dans son rêve, la coupable se voit soudain métamorphosée en femme de cire, allongée sur un lit de velours violet à l'entrée du Musée Dupuytren, le torse très délicatement nu. Mais deux paires de seins, l'une sous l'autre. La veuve, l'Italien, tous ceux de Picpus défilent. Quand tout le monde est parti, une affreuse bergère, de cire elle aussi, grand chapeau de jardin qui danse au vent, une paire de lunettes d'écaille sur son museau pointu de renard, corsage à falbalas, mais sans rien de la ceinture aux pieds, ce qui d'ailleurs ne fait pas des mètres et des mètres, car l'aimable monstresse, dépourvue de jambes, a les chevilles soudées aux cuisses, mène, un livre anglais à la main, paître les troupeaux des manèges. Cette affreuse bergère, une grande voyageuse qui a l'expérience des êtres et des choses et sait que les chevaux de bois ne se nourrissent pas d'herbe, approche du cercueil vitré où repose la belle aux quatre seins, et d'un coup de sa tête incassable, fait voler en éclats le verre protecteur. Alors le bétail verni se précipite, déchiquète ce corps de douce paraffine, s'enivre de son sang plus et mieux parfumé qu'eau dentifrice, et, bien qu'on soit en plein noir, un soleil subit éclate, astre et nuage à la fois, puisque son feu soudain métamorphosé en grêle de poignards, les plus inexorables lames flamboient et convergent jusqu'à la cible de velours violet, dont le lambeau misérable et sanglant, bientôt dans la nuit éteinte, vide, sera, de l'univers entier l'unique, l'ultime vestige.

Chaque matin, la dompteuse trouve des cadavres, des estropiées. Les survivantes, accablées par les deuils et les pressentiments, perdent toute verve, tout entrain. Un soir, la dernière rescapée du corps de ballet, à elle seule essaie encore une danse, Rachel a beau lui chantonner Coppélia, son air favori, la pauvre n'a plus de cœur aux jambes. Elle sait qu'elle sera morte à l'aube prochaine, assassinée par une main, pour tous (sauf Camille, bien entendu) mystérieuse. Et Rachel, en signe d'affliction, se dépouillera de la robe aux étoiles. Le feutre grande mademoiselle, les bottes russes et le casaquin vert sont remplacés par une méchante jupe, un caraco noir et une mantille. Les jumelles de reprendre aussi les nippes de leur vie antérieure. La marraine et ses filleules, trois pauvresses, s'en vont demander secours à la veuve.

— La veuve ! se récrie la concierge. Mais vous n'y êtes plus. La veuve, elle est loin si elle court toujours. Elle a changé de manières, de quartier et même de nom.

— Elle a épousé son macaroni, suppose Rachel.

— Épousé ? Madame veut rire. On se moque des maires et des curés. La veuve maintenant s'appelle Mᵐᵉ Dante. Pourquoi ? Allez lui demander. Voici sa nouvelle adresse, aux Batignolles.

Aux Batignolles, sur une porte, à l'adresse indiquée se trouve effectivement une carte de visite qui annonce :

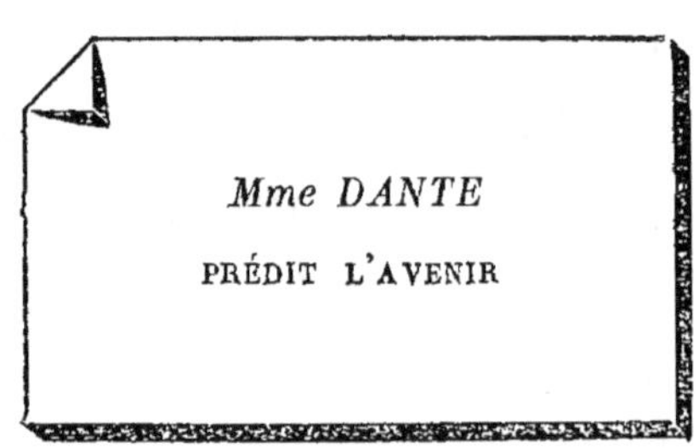

Quelle chance ! elle va nous dire la bonne aventure, se réjouit la chimérique Rachel.

La ci-devant veuve, Mme Dante soi-même, vient ouvrir, et sans avoir pris le temps d'un bonjour :

— Vous ne m'auriez pas reconnue, hein ? Ne me regardez pas avec cette insistance, les jumelles. Et toi, cousine, tu n'en reviens pas non plus. C'est le pif. Je l'avais à la retroussette. Il ne pleuvra plus dedans. C'est la faute au sacré Italien. Quand il a eu mangé mes marchepieds et jusqu'à la dernière dent de Cocotte, il se mit à me battre, tant et si bien que me voilà cabossée pour ma vie durant. Lui, un jour qu'il était de bonne humeur, m'a montré une de ses statues.

— Ton portrait qu'il me dit.

— Quoi, cette vieille qui pourrait se gratter le nez avec le menton ?

— Un peu de politesse, s'il te plaît. Il ne s'agit pas d'une vieille femme mais du plus grand poète de ma chère Italie, Dante. Depuis que je t'ai si bien cassé le nez, on te prendrait pour sa fille, et tu peux me remercier de t'avoir arrangé le portrait, Mme Dante. Mieux vaut être Mme Dante que la veuve n'importe quoi...

Comme le macaroni ne vendait guère de ses bonshommes en plâtre par les rues, il décida Mme Dante à quitter Picpus, quartier de malheur. Elle a donc loué ici, aux Batignolles, acheté des tarots, appris à faire les cartes. Pas difficile à prédire le futur...

— Tu veux connaître le tien, Rachel ? Pour toi, ce sera gratis. Tu es la dame de trèfle. Je te sors. Coupe le paquet de la main gauche. Puis, choisis une carte. Tu la mets au-dessus. Une autre, à droite. Encore une, à gauche. Une dernière, dessous. Ce qui te domine : valet de trèfle, le mystère. Ce dont tu es sûre : huit de carreau, petit voyage. Ce que tu redoutes : as de pique, épine dans le cœur. Ce que tu foules aux pieds : sept de pique, tes ennuis. Couvre l'as de pique. Deux cartes. Parfait. Valet de pique : on t'a trahie, ma Rachel, mais finalement dix de cœur. Tu peux être contente. Joie, joie, joie sur toute la ligne. Ton malheur fera ton bonheur. Tiens, choisis encore une carte, pour mettre sur le sept de pique : as de cœur. Tu triomphes, ma Rachel, tu triomphes.

Rachel exulte : Valet de trèfle, le mystère. Huit de carreau, petit voyage. On ne saurait mieux dire. La foire de Neuilly commence la semaine prochaine. Je suis à la Nation, pour l'instant. Donc, je traverse Paris avec la roulotte. L'épine dans le cœur, c'est mes puces qui sont mortes. La trahison, encore mes puces qu'on m'a assassinées. Mais j'ai de l'énergie. Mon malheur, je m'assieds dessus. Je le foule aux pieds, et ainsi j'en triomphe.

— Et tu oublies le dix de cœur, ingrate. Puisque tes puces sont mortes, je vais t'expliquer le mystère, Valet de trèfle, qui te domine. Toi aussi tu vas devenir cartomancienne. Tu suivras toujours les foires (huit de carreau, petit voyage). Mais la jupe rouge avec des

étoiles d'or, le casaquin vert, le grand feutre,
l'amazone bleu ciel, tout ce harnachement qui
te sied à merveille, il ira bien mieux, conviens-
en, à une voyante qu'à une dompteuse de
puces. Va, cousine. Moi, je reprends mes filles.
Ce macaroni de malheur m'a abandonnée, la
semaine dernière, pour une vieille richarde. Je
ne suis plus amante, je ne suis plus femme,
je redeviens mère.

Donc Rachel dit l'avenir dans les foires, et
Mme Dante aux Batignolles. Cette dernière, tous
les matins, va cueillir du lierre au parc Mon-
ceau, pour des couronnes qu'elle dispose autour d'un serre-tête très ajusté sur le front, la
nuque, les oreilles. L'Italien lui a laissé un
buste de son poète national. Elle l'a mis sur
la cheminée de son cabinet de consultation, et,
avant de commencer à prédire, jamais ne
manque de présenter aux clients :

— Le poète Dante, mon grand-père.

A la mort, d'ailleurs prématurée, de

Mme Dante, Rachel vend la roulotte et prend sa succession. C'est elle-même qui, sous le nom de Mme de Rosalba, eut à charge de secouer M. Vagualame, et de lui promettre, pour le venger de l'indécise grisaille du jour, une femme rousse et un enfant bleu.

Revenues chez leur mère, les jumelles commencèrent leurs classes de danse à l'Opéra. Identiques de taille et de traits, elles n'en étaient pas moins fort dissemblables quant à l'expression, au maintien : Pauline sentimentale et douce, Camille avec de la diablerie pour deux, et qui, n'ayant plus de puces à piquer, demeurait cependant fidèle au principe de sa suppliciante perversion, c'est-à-dire mordait les chiens, griffait les chats et rêvait de faire attraper un rhume de cerveau ou un mal de gorge aux courants d'air eux-mêmes. Mimi Patata, dans ces temps, apprenait aussi le chassé-battu. Déjà éprise du chiffre deux, elle s'amouracha des jumelles. On ne se quitte plus.

Si bien qu'on fut surnommé les Trois Grâces :
Pauline, la grâce tendre ; Camille, la grâce
cruelle ; Patata, la grâce parisienne.

A cette époque, le grand Behanzin d'Abys-
sinie vint à Paris. Les trois grâces dansèrent
à l'Elysée. Behanzin n'eut d'yeux que pour la
grâce cruelle. Alors commença la brillante et
tragique destinée de Myrto-Myrta. La grâce
parisienne entra dans la troupe des femmes
nues aux Folies-Bergère, où, de grade en grade,
elle obtint le bâton de maréchal. Quant à la
grâce douce, sa marraine Rachel-Rosalba, qui
s'était fait des relations aux Batignolles et connaissait un architecte, réussit à la marier avec
ce constructeur, qui se prenait pour Solness
et imaginait de curieuses bâtisses obstinées à
ne pas tenir debout. Tombé avec un sixième
étage, un jour, il se tua net. Veuve et enceinte,
Pauline, fidèle au goût de son mari, pour les
symboles nordiques, broda tout Ibsen sur les
bavoirs de l'enfant posthume, petite fille qu'on
baptisa très simplement : Dame de la Mer.

Pauline prétend que sa fille a la plus belle
des chevelures fauves. Elle est, en vérité, ca-

rotte. Ce qui, d'ailleurs, n'empêche point la vieille Rosalba, sa grand'tante, de l'adorer, et de toujours prédire à ses clients, lorsqu'elle veut leur faire honneur, quasi inconsciemment, qu'ils épouseront la Rouquine.

Singulière faiblesse pour une voyante, mais qui n'étonnera plus, lorsqu'on saura qu'elle ne reconnut point Myrto-Myrta ressuscitée, Yolande venue la consulter. La jalousie que l'ancienne dompteuse de puces a toujours vouée aux femmes, seule, parla. Elle exècre la mystérieuse, froide et fatale beauté, ne manque jamais d'en dire des horreurs, comme si elle tenait à venger, après des années, sa chère petite ménagerie, assassinée au cri de Pique-Puce.

Yolande a revu Pauline, qui, elle non plus, n'a rien soupçonné, à Berlin où elle vit avec Dame de la Mer, depuis son remariage avec un très célèbre chirurgien de la face.

III

Le dessus de lit en broderie anglaise. — Le chapeau cornu.
— Le masque à dents métalliques. — Yolande s'atten-
drit. — Pleurs sur Vagualame. — Vagualame n'est pas
dupe. — Le temps des germinations est passé, nul miracle d'iris noir ne jaillira. — Yolande fatale, mais
sensée, se saisit du mot iris. — L'iris des iris brille
dans ses yeux. — La femme au fakir, astre de malheur. — Ce que voit Vagualame au clair de mémoire.
— Quelle étoile écarlate éclata, avant-hier, dans sa
bouche ? — Souvenirs du sanatorium gratte-ciel. —
Cœur de goitreuse. — Des Turcs très pressés de devenir
occidentaux, au lieu de nourrir leur gramophone des
dernières nouveautés nègres et new-yorkaises, le bour-
rent de vieux couplets des faubourgs parisiens. —
L'exilé se raccroche à un de ces airs qui lui ressuscite,
entre une chemiserie où tout est rose et la boutique
d'un chapelier qui ne vend que des casquettes, un
moulin à chansons. — Alors, issue de l'herbe des prés,

danse la folle ronde des filles vendeuses de mimosa dans les villes, à l'orée des métros. — Le disque des Turcs ne peut, hélas, qu'une résurrection nasillée de ce qui fut la juste chanson des bouches. — Et puis, il n'y a pas de bistrot dans le rucher à malades. — L'homme casse son thermomètre, déchire ses feuilles de température. — Etait-ce bien la peine ? pour entendre la Ville, Yolande, gémir sur lui. — Petite digression sur l'humanocentrisme. — Vagualame appelle Yolande la « tricheuse » et, dit, non sans complaisance, pourquoi il l'a traité ainsi. — Dans quinze jour ce sera la Toussaint.

> *Dans le mitan du lit,*
> *La révolte est profonde.*
>
> *(vieille chanson).*

Inévitable mélancolie de celui qui dort seul. — Enfant maudit, jamais il n'eut envie de coucher avec sa mère. — Épouvanté par cette absence de complexe il va chez un psychanalyste. — Histoire d'une femme de trente ans, d'une chauve-souris nouvelle née et d'une tribu de morpions. — Le psychanalyste veut, à toutes forces, caser la spécialité de la maison : le classique complexe d'OEdipe. — L'homme se résignera donc à n'être que presqu'île de poussière. — Déchéance, lui qui aimait à parler d'océan, la rivière qui coule dans le mitan du lit le noierait, s'il ne se rattrapait aux branches d'une ridicule chanson. — Vagualame qui la fredonne s'attire les foudres de Yolande. — Yolande le chasse, le menace.

Son récit achevé, Yolande demande à M. Vagualame s'il veut voir le taureau d'appartement et le rat qui pèse cinquante kilos, phénomènes d'ailleurs, quoique à des titres différents, non moins extraordinaires que le fakir, ou s'il aime mieux venir admirer le dessus du lit en broderie anglaise, œuvre et présent du Prince de Galles.

M. Vagualame opine pour le dessus de lit et Yolande le mène à sa chambre. Mais elle spécifie.

— Nous irons, tout de même, un peu plus tard, faire un bout de visite à mes chers petits monstres. Sinon, ils seraient jaloux du fakir. Et puis, vous me verrez avec mon chapeau cornu et mon masque à dents métalliques, car, fidèle au principe de pique-puce, chaque soir, avant de m'endormir, je fonce sur le taureau pour l'empaler, au moins légèrement, et grignote quelque peu le rat. Mais nous voici rendus à mes appartements privés. Regardez ce travail à l'aiguille et appréciez, comme elle le mérite, l'adresse de l'héritier d'Angleterre. Une vraie petite féerie, n'est-ce pas ? Vous avez bien contemplé ? Alors asseyons-nous. Vagualame, je m'intéresse à vous. La vieille Rosalba sait faire parler son monde, et, moi, je sais faire parler la vieille Rosalba. Vos tristesses, je les comprends d'autant mieux que je suis, moi aussi, une sensitive. J'ai déjà pleuré sur toi...

Pleuré sur toi... pleuré sur toi...

Ainsi une pendule, douze fois, fêle la sombre porcelaine de minuit. Mais l'horloge martelant l'insomnie, et, de même, la simple montre chatouilleuse, finissent toujours par se taire, Yolande, elle, n'arrêtera-t-elle donc pas de secouer l'arbre à sanglots ? Des branches hystériques les fruits aqueux tombent, s'écrasent à terre. Encore un silence. Yolande se lassera. Encore un autre. C'est le dernier. M. Vagualame se frotte les mains. La pique-puce, grignote-rat, fonce-taureau, n'a pas su inventer, pour lui, un durable supplice. Bien mieux, la voici jouée au jeu dont elle espérait, pour un autre, une torture. Glu, sa robe au velours traître d'un fauteuil la colle, prisonnière et de sa propre peau. Derrière les barreaux des clavicules, contre la cage de squelette, va s'exaspérant un frisson d'oiseau captif. Déjà ne sont plus que filet d'esclavage, inexorable camisole de force, entre cuir et chair, la résille des nerfs, le fier tissu des muscles.

Sa bouche, un nid sans espoir. La phrase que sa langue a couvée ne ramera plus d'une aile libre, en plein éther, mais retombe, petit troupeau flasque à l'odeur de caoutchouc brûlé, comme les ballons de l'enfance, lorsque leur ronde joie indigo, verte ou rouge, au plafond se cogne.

Cette baudruche, encore, se liquéfie.

Alors M. Vagualame :

— Dis donc, la femme au fakir, tu sèmes des syllabes pour récolter des étoiles, mais nul bouquet d'astres ne s'épanouit au-dessus de nos têtes. Par contre, une flaque de faux mystère abreuse l'ersatz de pelouse et de laine, sous nos pieds. Soit dit en passant, ma chère, noblesse oblige, et, si tu avais bien fait les choses, tu aurais installé, au moins, une prairie en chambre pour le taureau d'appartement. Or, je ne vois pas une seule promesse végétale parmi le vain orient de ta carpette. Et puis le temps des germinations est passé. N'espère donc point que jaillisse un de ces miracles d'iris noir, à quoi, tout à l'heure, tu t'es vantée d'avoir été si souvent comparée...

Sans doute, M. Vagualame eût-il continué de parler fort longtemps, si Yolande ne s'était saisie du mot iris...

— Iris, iris, s'écrie-t-elle. J'oppose un iris au flot de ta malfaisante inspiration, Vagualame. Tu aurais bien voulu m'ensevelir sous un océan de vinaigre. Mon éloquence a noyé la tienne. Je sais crier plus fort que les fous. Voilà pourquoi je suis une femme sensée. Fatale aussi, d'ailleurs. La jolie devise : *Fatale, mais sensée !* » As-tu donc oublié que Myrto-Myrta commanda elle-même : Feu, lors de son exécution à Vincennes ? Donc, celle qui continue, défi à la mort son incroyable destinée, Yolande, mon cher, se moque bien de tes intentions méchantes. Tu l'as crue engluée à ses larmes. Tu as voulu la narguer, mais l'ingratitude, ce chewing gum à la dynamite, dans ta boîte à éloquence, comme les cailloux du papa Démosthène, pourrait bien aider ta pétrisseuse de langue à faire connaissance avec une jolie petite explosion. Corps et âme, tu ne

serais plus qu'une dentelle bonne à épingler,
en garniture, autour des broderies du Prince
de Galles. Tu as refusé l'iris noir, mais si un,
couleur de sang et fabuleux par la taille et
l'éclat, jaillissait de ta poitrine ?...

Quand il montait sur son siège, le père de
Yolande, après avoir fait claquer son fouet, ne
manquait jamais d'affirmer : « Charbonnier
est maître chez soi. » Sa fille sait bien que les
mots prononcés dans sa demeure lui appar-
tiennent, tout comme, du reste, pour le temps
qu'elles y passent, les personnes en visite, et,
leur existence entière, jusqu'à l'éternité, le
fakir, le taureau, le rat, et ces fleurs d'un tapis
payé deniers comptants. Alors, pourquoi se
refuserait-elle à iriser de pourpre l'ivoire trans-
parent des voyelles, aussi docile à la voix, sur
son armature de consonnes, qu'à la flexion du
poignet l'éventail en papier de verre serti de
clous de girofle ? Iris. Vagualame se rappelle
assez de latin pour n'ignorer point qu'il y a
de la colère plein ce mot. Mais l'ire des iris
flamboie ailleurs qu'au fond des corolles. Il
faut compter aussi avec l'ire des iris entre les

cils de Yolande. Quasi incolores, ses yeux se sont éclairés d'un feu qui n'est certes pas de joie. Vagualame oppose deux gouttes d'azur pâle, regard dédaigneux du si proche incendie, sans doute non moins bien ignifugé qu'un ciel de quatorze juillet, mais qui ne saurait tout de même servir de fleuve-frontière entre lui et celle qui l'arracha au brouillard, cet après-midi, rue des Paupières-Rouges.

Yolande n'est plus la simple survivante de Myrto-Myrta, la paradoxale mais encore humaine ressuscitée dont les épaules, la poitrine exsangues s'épanouissaient, sirène de marbre, hors des flots de tulle pailleté noir. Yolande, soleil d'incendie, déchire, creuse la nuit, et Vagualame retrouve, ruines et décombres, tout son passé. Yolande, elle, mériterait de s'appeler Mémoire. Vois, Vagualame, l'herbe sèche des minutes, les savanes embrasées du désir et surtout ces grands arbres, trop souvent léchés par la langue de feu, les rêves, que ton orgueil, de ses mains, a bâtis. Paysage calciné, charbonneux et à vif cependant, comme, après les brûlures, le bois et la chair. Et puisqu'il faut un iris couleur de sang, rappelle-toi, avant-hier, pas plus tard qu'avant-hier, non moins surprenante que les stalactites de glace, dans les grottes, au cœur de l'été, une chaude façon d'orchidée, de ta poitrine sans chaleur, a jailli, bien écarlate pour un mois où tout se décolore. L'étoile écarlate t'éclate dans la bouche. Tu te penches, tu as fermé les yeux. Quand tu les rouvriras, tu verras une petite flaque de boue sanglante, au fond d'une cuvette. Voilà ce qu'il en coûte d'aimer les grandes putains de ville qui portent collier de visages en papier mâché. On t'avait prévenu, pourtant. Pas un matin, au long de ces interminables jours que tu demeuras au plus haut étage du sanatorium gratte-ciel, l'homme à crâne pointu qui te servait de soigneur n'a manqué de venir te répéter, que... si tu voulais, d'ici quelques mois, un an, deux ans... Quelle promesse, au fait, pouvait bien sous-entendre la phrase inachevée ? Quelques mois, un an, deux ans... oui, mais à condition de bien faire tout ce qu'il faut pour mériter de guérir, ajoutait la Schwester aux joues de toile cirée rouge. Mériter de guérir ? La première fois, tu t'es demandé quel crime tu avais bien pu commettre. La seconde, tu as commencé de comprendre que toute une mystique montagnarde et sanatoire s'abritait derrière cette formule. Dès lors, la personne de la Schwester eut une valeur symbolique, au reste jamais contredite par ses gestes non plus que par ses paroles. Ainsi, a-t-elle pris son air le plus enjoué pour t'apprendre qu'elle portait râtelier. Elle a aimablement soulevé son bonnet de lingerie empesé, la coquette, car elle tenait encore à te montrer un amour de petite caboche cabossée sous les mèches clairsemées de ses crins jaunes. Vagualame, cependant, s'étonne. La Schwester n'a pas de goitre. Or, le jour de son arrivée, feuilletant les périodiques, dans une édifiante revue de Zurich (*Pro Juventute*. Juillet 1922), il a lu que « *selon l'illustre professeur Dr de Quervain, de Berne, successeur du réputé Dr Kocher, il existe trois sortes de goitres, dont le premier, goitre banal, goitre bourgeois, très bien porté, donne un air d'autorité et de respectabilité* ». Alors, puisque les plus dignes des arrière-neveux et nièces de Guillaume Tell se mettent entre les clavicules et le menton la pomme que l'ancêtre chassait à l'arc. cette Schwester, belle comme l'idée générale de l'edelweiss, pourquoi porte-t-elle un carcan si lisse qu'il ne s'y trouve certes point de place pour la moindre noisette ? En réponse, la Schwester n'a qu'à ouvrir le cylindre de toile amidonné qui lui sert de col et à désigner, sur ce qui en émerge, une longue cicatrice. Allègrement, elle paraphrase l'évangile, dont elle est férue, et, à Vagualame qu'elle suppose incrédule comme saint Thomas, donne à toucher du doigt le sillon à même sa chair, d'où la fatalité voulut que sautât certaine boule d'un aussi bon effet décoratif, sous la peau, que, sur une cheminée, le presse-papier avec vue du château de Chillon.

Goitreuse, par esprit fédéral de renoncement elle a sacrifié la part quasi divine d'elle-même, et c'est de son histoire, toute son histoire, rien que son histoire, que s'est inspirée la réplique helvète à *Cœur de Française*, car enfin, Vagualame l'a deviné, ne font qu'une seule et même personne cette Schwester et l'héroïne de *Cœur de goitreuse*, la grande œuvre du célèbre romancier vaudois qui exalte avec un juste lyrisme la costaude, pataude, rougeaude, rustaude, suissaude vertu des montagnardes assez bien d'aplomb sur leurs pieds pour ne jamais risquer de s'envoler, même quand monte, des plaines, du sud, le fœhn, vent de folie...

Donc, il était une fois une petite fille qui habitait avec les siens un joli chalet de bois. Elle chantait : *Mon beau sapin*, cueillait des fleurs qu'elle arrangeait en bouquets et, chaque dimanche, se rendait au prêche dans la vallée, vêtue d'une robe en broderies de Saint-Gall, dont la fine collerette s'épanouissait sous un goitre bourgeois fort prometteur et qui, du reste, ne manqua point à sa parole.

Un poète octogénaire de langue romanche, aveugle et à demi paralysé, trouva quand même assez de force, dans son vieux corps, pour aller à pied de ses montagnes à celles du canton d'Uri, où vivait l'exquise créature, tant il voulait, avant de mourir, caresser de ses vieux doigts, pour la mieux chanter, la merveille d'excroissance, objet de tous les entretiens, de la plaine au glacier, depuis certaine photographie parue à la première page d'un hebdomadaire illustré lucernois, au-dessus de cette légende :

Minerve n'est pas née de la tête de Jupiter,
Mais du cou de Vénus.

A quelque temps de là, le jury bernois, chargé de désigner une candidate pour un concours international de beautés qui devait avoir lieu à Hollywood, ne put que reconnaître en notre goitreuse la plus parfaite des grâces fédérales, et certes, elle ne se serait point dérobée à ce glorieux devoir, si elle n'avait, la veille même de l'élection, accordé sa main à un chanteur de tyrolienne revenu de son service militaire à ses prairies originelles, le teint aussi frais et non moins innocent que celui d'un valseur de boîte à musique, car l'avait gardé de toute tentation, de toute souillure, la chastifiante soupe aux nénuphars dont Mme de Rosalba, experte ès choses amoureuses et guerrières, a ci-dessus, déjà, vanté l'effet à Vagualame.

La noce a lieu un premier août, jour de fête

nationale. Avec sa robe noire qui, selon la coutume, lui servira pour son deuil, quand il aura plu à Dieu de lui reprendre son époux, avec le tulle blanc qui la voile, le bouquet d'alpenroses à la main et le goitre doucement ballotté dans l'échancrure du corsage, la douce fiancée a fort bon air. Grise d'amour et de vin sans alcool, elle n'en demeure pas moins fidèle aux traditions et monte, à la fin du jour, avec les siens, sur un sommet pour allumer des feux. Mais le jeune mari, tout à son bonheur, pousse un troulaïlaïlaîtou si retentissant que lui en pète la veine du cou.

Rentrée au chalet familial, la vierge veuve décide qu'elle ne vivra plus désormais que de sacrifices, se refuse aux objectifs des reporters, interdit aux Homères locaux de composer de patoisantes odyssées à la gloire de ses charmes et jure de se dévouer, en toute occasion, aux éprouvés. La Providence, qui l'écoute, lui mettra bientôt du pain sur la planche, car à la fin de l'hiver suivant, au retour du prêche, un dimanche, elle et les siens trouvent leur demeure emportée par une avalanche. La chale-

tée, sans logis, chante encore : *Mon beau sapin*,
mais le ton n'y est plus. Courage, braves gens.
Vous avez de la mélancolie dans la voix, mais
restez humbles parmi les épreuves, ne vous
révoltez point, ne perdez pas confiance, car le
salut vous viendra des puissants de ce monde.
La femme du président de la Confédération n'a
jamais réussi à rien faire pousser sur son épi-
glotte. Pas même un trognon de pomme
d'Adam. Or qui donc, plus fort et plus sincè-
rement qu'elle, pourrait souhaiter les signes
extérieurs de l'honorabilité, de la respectabilité ? Pour une dame qui connaît ses auteurs,
la phrase de l'illustre professeur Dr de Quervain est un couteau dans la plaie. A Neuchâtel,
Fribourg, Zurich, Lucerne, Lausanne, partout,
dans les vallées et sur les pics, on se gausse. A
Berne, on chuchote, et les ours de la fosse y
vont chacun de son pied de nez, quand ils la
voient passer, le cou si mince que c'en est un
scandale. Tout un été, elle a bu les eaux des
sources, puits et ruisseaux, d'une vallée fameuse par ses difformes et ses demeurés, car
elle se contenterait d'un goitre crétinoïde, à

défaut d'un bourgeois. Sans doute l'accuserait-on de démagogie, mais il faudrait au moins reconnaître qu'elle a fait de son mieux. Hélas ! Ce ne sont qu'échecs sur échecs. Son mari parle même de la répudier, lorsque, lisant, par hasard, qu'une milliardaire américaine, victime d'un accident qui la privait du pavillon de l'oreille droite, avait eu l'idée géniale d'offrir la forte somme à une pauvresse contre un de ses appendices auditifs, la présidente de la Confédération helvétique sourit et bat des mains : Eurêka, eurêka ». Une petite annonce : « On demande une goitreuse ». Mille se présentent. La vierge veuve décroche la timbale. Anesthésie locale. Longue incision. Le noyau sort du fruit, Minerve du cou de Vénus. Quelques points de suture. A même la chair, en lettres de cicatrices, jusqu'à la mort, pourra se lire le récit de l'héroïque abnégation. Mais il faut partir, abandonner le plus précieux de sa chair. Sanglots, malgré l'orgueil de savoir que le déchirement donne tout son prix au sacrifice. La présidente, il est vrai, a des mots exquis pour apaiser cette douleur. Allons, console-toi, ma fille, Guillaume Tell n'aurait pas mieux agi. Grâce à toi, on va rebâtir le chalet. Et quel confort, quel luxe, jusque dans les W. C. où un rouleau de papier est fixé sur une boîte à musique, si bien que, par un heureux dispositif joignant l'utile à l'agréable, celui qui tire pour en détacher la première sur la suite de feuilles fixées les unes aux autres par un pointillé, a la bonne surprise d'entendre soudain : *Les montagnards sont là.*

Plus tard, quand ses petits frères et sœurs seront casés, toujours assoiffée de sacrifice, la vierge veuve ira se dévouer aux malades. Et pourquoi se priverait-elle de répéter à ceux qu'elle soigne fort ponctuellement que toute guérison doit être méritée ? Il faut être un Vagualame pour échafauder, à ce propos, tant de méchantes arguties. Au lieu de se laisser émouvoir, il se crispe, et, contre la Schwester dégoitrée, va jusqu'à inventer une magie. Trop maladroit pour modeler une figurine de cire, y enfoncer des épingles, il prend des pivoines, des tulipes, n'importe lesquelles des fleurs rouges d'assez bonne santé pour ne point pâlir à cette altitude, et, comme s'il s'attaquait à la Schwester elle-même, d'une dent vengeresse il martyrise le vermillon joufflu des fadeurs végétales.

Symbole d'une exécution capitale, mais symbole dénué de toute vertu sorcière, puisque la goitreuse dégoitrée, imperméable au maléfique vouloir, continue de venir, plusieurs fois chaque jour, prononcer l'éloge du silence, de l'immobilité.

Or, à force de subir la vierge de linoléum au premier plan, les sapins du fond et autres suisseries, contre quoi il se trouve sans protection, car le fer qui défendit sa première aube du naufrage s'est dilué, fondu, évaporé goutte à goutte, celui qui, nulle part ailleurs, n'accepta de se résigner à rien, à personne, lentement glisse, déchoit jusqu'à la soumission, et, semblable aux autres abeilles du rucher à malades, attend l'heure des gramophones, pour, dans la bourdonnante confusion, choisir un, parmi les airs, dont s'enivrer comme de la plus essentielle des liqueurs.

Il saute toujours sur le disque de ses voisins,

couple turc à la double excellente volonté
dont l'âge ne saurait s'évaluer ainsi que celui
des arbres, car, sous l'adipeuse écorce otto-
mane, palpite une jeunesse fort pressée de
devenir occidentale, mais qu'une indivise faiblesse pulmonaire contraignit à s'arrêter dès
le seuil de la ruminante Confédération. Quoique
de très bonne intention, le ménage est encore
incapable de s'y reconnaître parmi les spécialités des États et de leurs grand'villes, et, par
exemple, fait venir de Naples des parfums,
trouve de l'esprit aux journaux belges, demande à la presse anglaise des vues impar-
tiales sur le communisme et les soviets et, au
lieu de nourrir le gramophone des dernières
nouveautés new-yorkaises, le bourre de valses
style 1900, dont chacune, au promeneur de
février porte-fièvre, rappelle, entre une chemiserie où tout est rose et la boutique d'un
chapelier qui ne vend que des casquettes, un
moulin à chansons où, les écouteurs aux
oreilles, les yeux aimantés par le bariolage des
couvertures qui tapissent les murs, il se saou-
lait des mots et des rythmes que, tour à tour,

hérissaient les mille poignards de la jalousie, embuait une mélancolie de bord de fleuve, aussi douce que soie bleue sombre légèrement éraillée, illuminaient des couleurs plus orgueilleuses que celles des joujoux japonais en papier, et, toujours, pénétrait un parfum de rues pauvres, pluie, vin rouge, graisse de frites et poudre de riz à la violette.

De la fenêtre suisse, de l'embrasure d'aujourd'hui, alors le passé ressuscite et, issue de l'herbe des prés, la nerveuse et faubourienne théorie des gitanes qui ont toujours vendu, et vendront toujours, le mimosa, dans les villes, à l'orée des métros. Parées du plus insolent sourire, ces filles qui choisissent pour leurs éventaires citadins les moins fragiles des feuillaisons, maintenant cueillent les trop mauves colchiques des fins d'été.

Tourne, tourne le disque des Turcs.

Bohémiennes, sirènes des rues, vous deviendrez folles dans ces pâturages, et de vos yeux déjà l'un s'est fait pavot si charbon l'autre demeure.

Tourne, tourne le disque.

Le plateau de cire qui va si bon train, les couplets qui s'en échappent et suffoquent mieux que la fumée des ronces incendiées au ras du sol, et ces minces romanichelles dont le nombre se multiplie, qui soudain s'assoient en cercle, les bras levés, des bouquets moribonds dans leurs hautes mains, et se mettent à tourner, tournent, tournent, chacune sur soi, tournent, tournent et plus vite, plus fort que les disques, plus vite, plus fort que les plus fous des derviches, pour ce tourbillon à qui la terre ne saurait pardonner de contredire à son mouvement, pour trois paroles et deux mesures du refrain, son axe, l'homme donnerait le globe et tous ceux qui l'habitent.

Tourne, tourne le disque.

Mais ce n'est certes pas impunément, puisque des montagnes déjà descend l'automne, et, du même gris que la rochaille, les petites vaches dont le lait ne vaudra, certes, jamais la céruse, en guise de crème sur les pâtisseries au vitriol dans les quartiers misérables.

Et d'ailleurs, assez grincé, les gramophones.

Voici la soixantième, la dernière minute de

votre règne. Il faut vous taire. Le silence, oiseau de feutre, fend, blesse le ciel d'un long sillon sournois.

Un révolté, qu'un révolté, un seul, mais un au moins, hurle donc à grands cris d'écarlate.

Tous ont peur. Et toi le premier, l'homme, qui hantais les moulins à chansons, donc devrais aimer le rouge. Mais oui, pardi. Tu te rappelles les soies sauvages que tu nouais autour de ton cou. Hypocrisie. Tu n'avais pas la moindre foi dans la couleur de ton sang. Miniature, va ! Tu t'emmitouflais de violence pourpre, mais simplement rapport aux courants d'air. Tu parlais de risque et tu redoutais des rhumes de cerveau. Tu prétendais aimer les putains, les voyous, leur répertoire, les rues mal famées et tout ce qui chavire, mais la vue d'un rasoir ouvert te faisait claquer des dents, et tu vis allongé depuis des mois sur un balcon-alvéole.

D'un égoïsme à n'entendre que le disque des Turcs, oserais-tu nier que, depuis des semaines et des semaines, plus rien ne t'intéresse,

sinon la maladie, ta température et l'ennui
même dont tu as mis plus longtemps à soupçonner l'aristocratique usage qu'à savoir se
servir d'une bicyclette un Esquimau ?

Misérable internationale des poitrines pour-
ries, syndicat bacillaire, franc-maçonnerie tous-
seuse, avec, depuis le romantisme, des grâces
squelettiques, cousines du petit doigt en l'air
de la prétention bourgeoise, lorsqu'elle porte à
ses lèvres infectes sa tasse de café moka.

La dégoitrée, par exemple, aime la fièvre et
ses paillettes, dans les yeux des malades,
comme les vers luisants, la nuit, sur les pe-
louses. Au fond, elle souhaite un petit 40° à
ceux qu'elle exhorte de son : « Il faut mériter
de guérir », d'une même et aussi basse inspiration que le : *Enrichissez-vous* du bonhomme
Guizot.

Mérite de guérir, enrichis-toi, mal bigorné.

Respire de toute ton âme, de toute ton espé-
rance, ne parle plus, ne bouge plus, puisque
même l'air, au plus haut étage du sanatorium
gratte-ciel, se trouve promu à la dignité de
médicament.

Et ne quitte point ta chaise longue, même si tes doigts se glacent, malgré la saison qui, pour une demi-semaine encore, s'appelle été. Oublie le zinc quasi charnel des comptoirs, les mains que tu y jetais, l'année dernière, car, il n'y a pas de bistrot dans le rucher à malades, pas un pan de mur où s'épanouisse une gerbe de salpêtre entre des colonnes de bouteilles, pas une table dont la toile cirée, façon marbre, présente des méandres violacés, nervures foudroyantes, cocasseries péninsulaires, découpées blanches et noires sur fond rouge, autant de fleuves, de routes, à l'espoir, au rêve. Mais, de sa prison, l'esprit qui ne peut y ouvrir les ailes veut s'envoler. Or on ne flotte pas dans le vide. Tu n'atteindras point à l'éther si haut creusé. Je te l'avais bien dit. Bigne ! tu te cognes aux montagnes. Ton œil maintenant à la dérive aimerait se faire mollusque, huître à gober, mais nulle bouche pitoyable ne boira tes larmes, ce piteux résumé d'océan, d'où l'amour seul ressusciterait la mer et l'infini de ses mirages.

Décidément tu n'en peux plus.

Tu brises ton thermomètre, déchires tes feuilles de température.

Tu prends le train pour Paris. Mais, arrivé, tu constates qu'est passé, bien passé le temps de février porte-fièvre.

Récapitule : Mme de Rosalba.

La rue des Paupières-Rouges.

Yolande, enfin, chez qui tu as échoué. Elle ne parle pas, toi non plus. Tu t'es étendu sur son lit. Elle ne t'en veut même pas de salir avec tes souliers le travail si délicieusement ocré du Prince de Galles, mais parce que tu glisses, tu vas tomber, rouler sur le tapis, elle te passe autour du corps son bras de pierre, comme si elle craignait que, sans le secours de sa vigueur, tout de toi, os, pensées, reliefs de muscles, déchets d'espoirs, dût s'éparpiller. Elle veut être ta courroie. Tu rêves d'une bouche qui sentirait le géranium, d'un cœur pétale à sève de sang, arraché à quelque mystérieuse corolle et flamboyant du feu même qui sert de noyau à la terre.

Or, les yeux de la femme, ta voisine, un point rouge dénonce leur glauque hypocrisie.

La fille du cocher, Myrto-Myrta, Yolande, baptise-la comme il te plaît, cette personne à transformations, Vagualame, entre autres noms mérite surtout celui de « Mémoire », dont, aujourd'hui même, tu l'affublas. Un tison, dans le regard de Mémoire, incendie tête d'épingle, ne magnifiera nulle forêt à coups de hautes flammes.

Elle s'est saisie du mot « iris ».

Elle a parlé, pour que, de sa voix, bulle de son, fût irisée l'heure. S'il avait été question de bégonias, elle prétendrait bégoniaiser l'univers, puisqu'il faut que tout lui serve et qu'elle se gargarise de syllabes comme elle se frotte avec son fakir. Autrement dit, Yolande connaît la vie, et, des créatures, plantes, minéraux, pas une nuance, un contact, une monstruosité naine ou géante, pas une bribe d'écho, d'ombre ou de reflet, dont elle n'ait découvert d'inattendues possibilités.

Le monde et ses trois règnes, des mystères de l'Inde au goût de l'héritier d'Angleterre pour les travaux à l'aiguille, elle a prévu tous les usages, et, comme, sur les images d'Épinal,

une mystérieuse machine d'un lapin sait faire
un chapeau haut de forme, ainsi, volontiers, à
son profit, métamorphoserait-elle tout en produits de beauté, objets mobiliers, fantaisies
décoratives, etc... Un tel parti pris d'égoïsme
suppose tant de foi en l'existence que, pas
même cinq minutes, elle ne s'étonna de sa
résurrection, et, sous la diversité des aspects
et vocables qui désignèrent, tour à tour, sa
personne, elle n'a jamais cessé de se reconnaître une et totale à la fois. Toi, Vagualame,
tu devrais t'inspirer de cette miraculeuse vitalité, pour choisir, par exemple, une pâte dentifrice bien nommée, bien coloriée. Tu en
essaierais, et, parce que l'essayer c'est l'adop-
ter, décidé à ne plus mettre ton charme en
doute, alors tu sourirais d'un sourire irrésis-
tible. Tu proposerais une alliance à Yolande.
Elle l'accepterait, et, avec le fakir, le taureau
d'appartement et le rat qui pèse cinquante
kilos, vous feriez des tournées triomphales.
Mais quoi ! Tu t'obstines à ne point parler.
Le silence, pourtant, tu sais bien qu'il est,
entre toi et elle, aussi incompréhensible qu'une

comète scalpée. Elle ne supportera point cette calvitie. Fidèle à l'infaillible méthode de pique-puce, elle gémira sur le gémissant :

« Cette nuit j'ai rêvé de toi, j'ai pleuré. »

Encore !... La Femme, la Ville, toutes, elles ont donc le même refrain aux lèvres ?

Dédaigneux du larmoyant nocturne dont se délecta, entre hier et aujourd'hui, le sommeil incapable d'inventer lui-même ses astres, Vagualame se dit qu'il entre toujours un peu de rage dans le composé chimique des larmes, et Yolande, avant de s'éveiller, avait déjà prévu le matin contre sa vitre et la répétition des petits cristaux difficiles à persécuter. Vengeance, elle a voulu que son attendrissement servît de prison à l'homme, mais lui, semblable aux singes des jardins zoologiques, toujours prêts à rire des promeneurs, dont ils croient les pas limités par les barreaux de leur propre cage, lui, a su pervertir la pitié dont la femme prétendit l'encercler.

Il éclate :

« Tu as pleuré, la femme, tu as rêvé.

« Les larmes, tes larmes, les larmes.

« Tu aimes le faste et l'étiquette. Vas-y donc d'une présentation.

« Vagualame...

« Les larmes, le rêve.

« Les larmes, un orphelinat de nombrils, une pépinière de cœurs en pain d'épice, un déluge de sourires sans dents. »

Toutes ces faces de carême se lèvent pour voir le rêve, moulé dans un maillot à losanges de feu et de glace, au-dessus de leurs cheveux salés, sauter d'arbre en arbre, et si joyeusement souple qu'il n'est pas même possible d'imaginer d'os à son corps. Mais les pies-grièches s'exaspèrent. Elles tirent à la courte paille pour savoir qui, par son pied de flamme, saisira l'incroyable voltigeur.

« Le sort tomba sur la plus vieille. »

(Air connu.)

Donc, ces dames de monter sur les épaules les unes des autres, et celle que le destin désigna, dressée au sommet de la branlante pyramide, arrache de sa branche l'acrobate. Et

toutes, alors, de sauter à terre, entourer, pié-
tiner, déchirer l'Arlequin de gel et d'incendie.
A l'aube, éteint, fondu le rêve, se lamenteront
les vieillardes.

Il était bien simple, pourtant, de laisser libre
la danse, sur l'océan des feuilles. Son phosphore seul eût allumé, éclairé les plus gris visages, et peut-être le courant d'air, cingleur
d'épaules, multiplié à 'infini, dans son cré-
pusculaire et frissonnant pouvoir, fût devenu
tempête, la vraie tempête, on ne sait d'où
venue, et qui arrache leurs secrets aux gouffres,
aux cimes, balaie le ciel des plus médiocres
banlieues, et, entre ciel et terre, à flamboyante
volée, secoue des chevelures d'ouragan et de
surprise sur le front des inspirés.

Or, par la faute des larmes, de la Ville, par
ta faute, Yolande, et celle de n'importe qui
voulut toucher au rêve, sous terre sont rentrés
les chênes, les palmiers, les saules et les iris
géants. Rêve donc de forêt vierge tant qu'il
te plaira, Vagualame, mais sache que, de tous
les végétaux, seule demeure une liane, qui s'en-
roule, là-bas, quelque part, pour la protéger

d'un mystérieux courant, autour d'une jeune
fille endormie. Sans doute, s'agit-il de la Rouquine prédite par la Rosalba, Dame de la Mer,
la nièce exécrée de Yolande. Son sommeil d'ailleurs ne doit pas être terreau à nourrir les
plantes grasses des désirs vulgaires. Elle repose couronnée de rythmes glauques et l'heure
qui la berce est un flot que ne salissent ni les
navires, ni les épaves. Nulle écume ne viendra
tristement broder son réveil, car, ses paupières
baissées, mille et mille lames de fond guillo-
tinent les poissons torpilles de l'angoisse dont
les caprices électrocutent l'homme, ton semblable, Vagualame.

Regrette.

Et surtout regrette ce gouffre lyrique dont
pas une sonde n'eût touché le sol. Tu as peur
des saisons et des mains nues. Ta jeunesse,
toute d'os et de mâchoires, tu l'as reniée. Tu
portes des gants de laine et des algues douces,
mais traîtresses, tapissent tes heures. Tu n'es
guère profond, et, cependant, tu ne plongeras
point en toi-même, car ton pied tâtonnant ne
saurait trouver, pour donner contre, l'ultime

rocher. Pourquoi, d'ailleurs, voudrais-tu revenir à la surface, toi qui cueillis non des perles, mais d'anecdotiques coquillages.

Tu t'accroches à des histoires. Tu étreins des mots, tu te réjouis d'éprouver la moindre palpitation des faits. Tu ressembles à un homme qui s'étranglerait rien que pour la joie de sentir la vie pantelante sous sa peau du cou.

Or, à quoi bon le regard, les flammes ou étincelles nées du frottement des sons et des couleurs, si le mystère même n'en prouve l'essentielle et insaisissable identité avec le feu qui chauffe nos demeures, cuit nos aliments, mais jamais ne doit cesser, à la crête des songes, sa danse immatérielle ?

Le globe terrestre, les hommes, les femmes, les animaux, les choses qui le peuplent sont là pour tenter ta faiblesse. Tu ne voudrais pas mourir sans avoir vu Venise, Tahiti, les deux Amériques. Quand tu rencontres des enfants, tu cherches des épithètes qui décident de leur avenir. Tu dis : celui-ci est l'enfant séduisant, cet autre, l'enfant obscène, et à la campagne tu caresses l'herbe, comme un chien dont tu serais amoureux. Pourtant la Nature, aussi majuscule que tu la voudras, tu sais bien qu'elle n'est, flore et faune, qu'un diction- naire, sans doute dictionnaire à surprises où le rêve parfois a trouvé son verbe, mais dic- tionnaire tout de même, et rien que diction- naire.

Commence donc par mépriser la lettre que l'esprit flamboyant ne double.

Fruits, chaises, bateaux, continents, mers, flaques de soleil, gifles de pluie, la goitreuse dégoitrée, Mimi Patata et ses twins, le Prince de Galles et ses broderies, Rosalba et ses pré- dictions, Yolande et le fakir, le taureau d'ap- partement et le rat, toute cette mosaïque, dont ta vie elle-même n'est qu'un point, ne valent que si, hors de leurs frontières, de leurs con- tours habituels, un écho les ressuscite, méta- morphosés, supérieurs à soi-même.

Ainsi, du reste, as-tu aimé la nuit, comme ta plus belle, ta magnifique, ta seule ven- geance. A la minute où l'astre à préciser enfin chavire, parce qu'il n'y a plus de faits, mais simplement des risques, alors, du jeu d'ombre et de lumière naît le miracle de transsubstantiation. Tout devient pourpre à notre orgueil. Et nous connaissons le règne des choses disproportionnées.

Mais la Ville, Yolande, qui, pour expliquer le mal à renaître avec le jour, ont, à la taille de leur conscience, de leur éveil, rapetissé la mémoire d'un élan, même si, de leurs larmes, tu eusses été la cause, pour n'avoir vu de l'émotion que le principe, il faut qu'une taie soit sur l'œil de feu, dont, tout ensemble, doit juger et éclairer le monde quiconque se réclame d'une vie supérieure à la quotidienne.

Un poète (1) a imaginé deux miroirs bien en face l'un de l'autre, sans rien dans l'intervalle, sinon un regard libre de tout corps, de toute chair, pour que ne fût plus réduite à des mots, la notion d'infini.

Hélas, tu sais trop bien, créature misérable, que ta personne physique est un objet plus difficile qu'un autre à oublier, à cacher. Ce qui, de toi, dispose du miracle des miroirs

(1) Francis Picabia.

conjugués ne saurait, malgré le plus héroïque propos, empêcher que se glisse, entre les deux surfaces réfléchisseuses, ton obsédant individu.

Au lieu d'une extase libre de mots, ce serait donc un Narcissisme à l'infini rabâché. Une tête, deux têtes, trois têtes, quatre, cinq, cinquante, cent, cinq cents, mille, cent mille têtes. Mais comment des yeux seraient-ils éblouis, qui se rappellent encore le palais des mirages des jeudis puérils, quand un simple papier vert, de ses découpures réfléchies, créait une inextricable forêt ?

C'est ta faute, cœur trop instruit.

Mieux que toi, n'importe quel lampion éclairerait ces fêtes que tu veux encore te donner à toi-même. Parce que les astres à ton sang ne mêlent plus leur lumière, un fleuve mat abreuve cette chair, ta chair. Tes cheveux ont perdu leur fauve insolence et tes yeux n'espèrent plus briller jamais.

Tu voudrais avouer mais tu n'as pas de crimes.

Yolande et toi demeurez face à face, sans plus à vous dire que chiens de faïence.

Vos oreilles sont des surcharges rococo.

Pas un moment de vous qui mérite sa résurrection, et il était juste que ce jour commençât par une aube de fer-blanc et que nul visage ne s'attendrît, ne se penchât, ni sur l'un ni sur l'autre de vos réveils. Tu le sais, Vagualame, et que les larmes de tes semblables ne sont pas d'un tel prix qu'on doive s'obstiner ainsi à t'en vouloir faire honneur. Donc, une fois pour toutes, refuse cette responsabilité lyrique, mais constate que tu ne connais personne de ton espèce qui vaille même une goutte d'eau salée. L'autre poète (1) avait donc raison qui s'écria : « il faut désensibiliser l'univers ».

En dépit des mains carrées, des jambes mal attachées, de la graisse et des nauséabondes petites pensées qui les gonflent, et des goitres bourgeois dont ils sont porteurs au propre et au figuré, les hommes, dans les livres, les théâtres, les musées, ne cherchent, chacun que son propre portrait. Ainsi toutes les Françaises ont lu *Cœur de Française*. Principe même de la statuaire grecque, du succès de Phidias et C⁀ⁱᵉ.

(1) Paul Eluard.

Or, si l'on accroche le grelot de la réalité,
toi, Vagualame, tu diras fort judicieusement
que d'un marbre de la meilleure époque, expédié tout droit de l'Acropole, et d'un jeune maquereau torse et membres nus, juste avec, entre
les cuisses et le nombril, un petit caleçon de
coton rose et blanc, qui se dore, au soleil, l'été,
sur la plage de Catalans, à Marseille, c'est le
maquereau qui a raison. De même, les grosses
nourrices quadrupèdes et ailées, connues sous
le nom de sphinx, t'ont depuis longtemps
donné à penser qu'il était malhonnête d'arracher aux fantômes les plus aériens de leurs
attributs, pour en décorer des créatures que
deux lourdes paires de pieds fixent au sol.

Au reste, si tu méprises ces quatre-pattes,
c'est que tu as, pour te porter, des milliers et
des milliers de pieds. Tu vas si vite que tu n'as
pas le temps de t'arrêter à un être, à une idée.
Pas même infidèle, puisqu'on ne te connaît
pas de liaison, mais toujours tiré à hue et à
dia. Et sans cesse le rêve d'une grande force
mystérieuse souterraine, dont tu espères qu'un
jour elle te jettera plus loin que l'horizon et

l'habitude, là-bas, où il est bien temps qu'é-
clate enfin le soleil de soufre et d'amour.

Ce soleil, il est l'œuf dont naîtra l'oiseau
esprit. Mais que ne tente jamais de l'apprivoi-
ser la ruse des oiseleurs. C'en est assez de la
navrante fable de Psyché qui perdit l'amour
pour l'avoir voulu connaître. D'ailleurs, Vagualame, tu n'as qu'à regarder tes doigts.
Bien trop grossiers pour que tu oses les offrir
en perchoir à la colombe immatérielle. Qu'importe, au reste, que l'oiseau soit colombe immatérielle, rossignol à barbe, triangle à
musique, pourvu de plumes aussi habilement
travaillées que celles dont s'orne le mytholo-
gique chapeau de Mercure, et quand bien même
serait-il aigle éléphantin, oie verte ou vulgaire
vautour pelé, il mérite un nom, au moins égal
en beauté à celui du guépard. Mais, surtout,
Vagualame, ne l'appelle jamais ni Dieu ni
diable, car ses ailes déployées seraient à l'étroit
dans le ciel des hommes et nul ne saurait imaginer un enfer assez vaste pour les flammes qui
le couronnent.

Cette violente douceur qui n'est ni blanche

ni noire, ni bleue, ni rouge, mais blanche et
noire, et bleue et rouge, comment la créature
dont le rêve en fut effleuré osera-t-elle, à son
réveil, y avoir reconnu la caresse d'une paume
et pas d'une autre, le sourire de certaine
bouche ? Mais les yeux n'en continuent pas
moins à prendre pour des larmes, leurs larmes,
l'aveuglante rosée de l'aube.

Yolande, la Ville vous tous et toutes qui
avez voulu éclairer d'un nom l'heure assez
émue pour n'en point porter, Vagualame vous
sacre tricheurs et tricheuses.

YOLANDE. — Moi, tricheuse ? Pourquoi ?

VAGUALAME. — Tricheuse parce que tu joues
pile et face.

YOLANDE. — Pile et face ?

VAGUALAME. — Oui, pile et face et face et
pile et pile et pile et face et face. Tu pleures,
tu rêves, tu pleures, mais à quoi bon donner
figure humaine à cette humidité ?

Au temps de l'enfance, quand brillait un
soleil incompréhensible derrière le rideau de
pluie, ton cocher de père disait : « Tiens, voilà
le diable qui bat sa femme ». Toi, aujourd'hui,

quoiqu'il n'y ait, entre nous, nul lien conjugal, tu voudrais venger ton sexe, battre l'homme. Tu n'as pas bien choisi l'époque. Depuis des jours et des jours, pas le moindre des orages paradoxaux, bagues d'arc-en-ciel, aux doigts énervés des minutes. C'est l'automne, Yolande, une sale saison. Dans la ville de chair, le zinc dont m'obsédait la tentation, au plus haut étage du sanatorium gratte-ciel, ne coulera plus, fleuve lyrique, froide et quasi charnelle tendresse, aux mains de mon ennui. Le 15 octobre, là-bas, au sud, c'est une hypocrisie mordorée et mes pieds ne retrouveraient plus la fragile route des canicules, entre l'incendie tombé du ciel et l'ombre plus douce que raisin violet. Rompu le fil que le regard ne pouvait deviner, et que, pourtant, suivait la marche, maîtresse de l'aveuglante alternance, et, sans jamais le moindre vertige du gouffre de lumière, à droite, ni de cette fraîcheur, à gauche, creusant les pavés de la projection terrestre des murs haut dressés à même l'azur...

Et voilà Vagualame qui, une fois encore, a
oublié Yolande pour se rappeler, au bord des
flots, une ville, qui, elle, n'a jamais prétendu
ni pleurer ni rêver de personne, le contraire
même d'une rue des Paupières-Rouges où l'on
rencontre une femme à fakir et pique-puce. Promeneuse égarée au jardin des pesantes pivoines, une jeune fille passait, si légère que
ses pieds semblaient les feuilles d'une plante
que nulle racine au sol ne fixe, et de cette
silhouette une ombre se levait, montait jusqu'aux nuages, où, pour sa plus douce joie,
l'homme voyait galoper le lion, le loup, la
gazelle. Mais une faune transparente aura toujours du mal à vivre, et, tandis que les sphinx
griffent encore le sable des plus vieux déserts,
un soir, de grands carnassiers à noms fou-
droyants se mirent à broyer, et, toute la nuit,
broyèrent les os des bêtes à pelages beiges et
regards longs.

Et maintenant se tait le peuple chaussé d'espadrilles qui lançait, lassos à saisir l'azur, les couplets dont les Turcs offraient la caricature nasillée, à l'heure des gramophones.

Mais ne va point songer à partir pour le port, capitale des voyous que tu appelais rouges-gorges, à cause des foulards comme tu les aimes, Vagualame, mais qu'ils nouent autour de leur cou, eux, les arsouilles musclés, simplement pour le plaisir. D'ici quinze jours ce sera la Toussaint, à Marseille comme ailleurs. On jettera des couronnes à la mer. Un faux Napolitain ne se réchauffera point à manger des flammés et les filles auront une voix sourde, des yeux méchants, car déjà la pluie transperce la soie éraillée des corsages, accable la courbure des reins, les jambes mal défendues et les pieds fourbus et qui chavirent dans de mauvais souliers à talons trop hauts.

Sur l'univers entier tombe la plus perfide des saisons. Vagualame, tu ne sais où aller et, pourtant, tu dois partir. Que signifie, en effet, ta présence à cette heure, chez la femme au fakir ? Bien sûr, tu n'as pas envie de faire l'amour avec cette banquise.

Donc, il faut prendre ton courage à deux mains, renouer la conversation, dire au revoir...

Et puis...

Et puis, ce sera l'oasis, le sommeil.

Mais quoi ?

Tu claques des dents, tu frissonnes, et les yeux perdus, bien que Yolande ne soit pas à trois mètres devant toi, soudain tu te mets à chantonner :

> *Dans le mitan du lit,*
> *La rivière est profonde.*

Tu te répètes, jusqu'à ce que d'un ricanement, ton propre ricanement, soit coupée la litanie.

Alors, commence un discours, un soliloque plutôt, car, pour toi seul, encore une fois, tu parles, ce dont, au reste, pourrait fort bien s'exaspérer un orgueil professionnellement séducteur d'ancienne danseuse. Il est vrai que tu le lui as toi-même rappelé. *Noblesse oblige.* Donc l'amie du prince de Galles saura se contenir. Ses doigts auront beau tambouriner, et malgré eux, d'ailleurs, sur les bras du fauteuil, elle te laissera jaspiner. Et tu t'en donnes :

Moi, Vagualame, je dois rentrer me coucher. Seul. Aux soirs de mon enfance, je prenais toujours, à côté de moi, pour dormir, un ours et une petite locomotive. De l'un et de l'autre j'étais amoureux, et, certes, plus amoureux que mon père de la maman Bijou, évoquée par la vieille Rosalba, cet après-midi, avec un enthousiasme aussi déplacé qu'anachronique, puisque celle qui m'enfanta, aujourd'hui morte, fut de son vivant trop insoucieuse de charmer son fils pour que, d'elle, une sensualité s'éveillât. Bébé renifleur, dès mes dix mois je lui préférai la femme de chambre, une certaine Lucie qui se parfumait à l'œillet.

Pour un petit de bourgeois français, une mère, c'est un meuble, au même titre que le buffet Henri II, le Pleyel du salon, ou le grand lit faux Louis XVI des parents.

Un peu plus naïf, sans doute, que les autres, et, rétrospectivement effrayé de ma frigidité puérile, parvenu à l'âge d'homme, j'allais voir un psychanalyste,

Il a commencé par un interrogatoire :

— D'où venez-vous ?

— De chez une femme.

— Son âge ?

— Vingt-neuf ans.

— Le vôtre ?

— Vingt-six.

— Parfait. La femme à qui vous avez rendu visite était plus vieille que vous. Premier point. Avez-vous éprouvé une émotion en sa présence ? Et de quel ordre, quelle intensité ?

— Une chauve-souris nouvelle-née, tombée de je ne sais où, s'était écrasée contre le sol de la terrasse où nous nous tenions. Adulte, une chauve-souris ne me paraît déjà guère excitante. Mais, nouvelle-née, avec une pauvre chair molle, froide, mauve, à vif, et surtout celle-là, les ailes déchirées, le cou cassé, la poitrine en marmelade...

— Très bien, très bien. Quel animal détestez-vous entre tous ?

— Le morpion.

— De mieux en mieux. Avez-vous des frères, des sœurs vivants ?

— J'avais un frère, il est mort. J'ai encore deux sœurs vivantes.

— Qui préférez-vous des trois ?

— Mes sœurs.

— Elles sont vos aînées ?

— Non. Mon frère, lui, était l'aîné.

— Alors vous devez vous tromper, Monsieur. Ou plutôt, vous n'osez dire votre pensée. Phénomène des résistances. Phénomène bien connu des psychanalystes. Une dernière question, s'il vous plaît. Redouteriez-vous de devenir aveugle ?

— Plus que tout au monde.

— Tout s'explique et fort simplement. Nous nous trouvons en présence d'un banal, classique complexe d'Œdipe. Vous avez rendu visite à une femme plus vieille que vous, la mère. Sans la moindre compassion pour l'enfant chauve-souris qui se tua en tombant du nid, la pauvrette, au lieu de vous apitoyer vous n'avez, au contraire, éprouvé que dégoût, écœurement et vous haïssez les morpions inoffensifs, mais, par définition, parasites, donc symboles des plus petits que vous, de ceux et celles à naître et dont votre enfance redoutait qu'ils vinssent vous ravir ce que de l'affection maternelle vous estimiez votre dû. Vous secouez la tête ? Vous n'avouerez pas, et voudriez abuser les autres comme vous vous abusez vous-même, en toute inconscience, certes, je l'admets, lorsque vous prétendez avoir préféré et préférer encore au frère aîné les sœurs qui vous sont puînées. Mais commençons l'analyse. Je prends un crayon, du papier, m'installe derrière vous. Alors, selon la méthode que vous n'ignorez point, parlez, énoncez, sans contrôle aucun, ce qui vous passe par la tête. Une seconde, s'il vous plaît. Oubliez ma présence. Je vous écoute.

— Inutile, docteur. Je n'ai jamais rien pu dire, même de fort composé, à qui n'était point dans le champ de mon regard. Le subconscient n'est point petite fille autruche. Une présence lui arracherait, peut-être, son secret. Une embuscade, jamais. Iriez-vous de gaieté de cœur dans une rue déserte et mal famée, la nuit, si vous étiez sûr que, derrière la palissade des terrains vagues, d'invisibles crapules sont là qui guettent votre passage ? Si, de tous les hommes, le plus grand nombre se complaît à songer au suicide, fort peu s'y résignent, mais nul ne se laisse assassiner. Donc, docteur, j'évite les impasses où, le couteau sous la gorge, il me faudrait vider mon sac. Et puis après tout, pourquoi ne jouerions-nous point franc jeu ? Je sais à quoi m'en tenir et que je suis affligé non du classique complexe d'Œdipe, mais du simplexe anti-Œdipe. Au fond, au fin fond du cœur, entre les pavés de l'arrière-cour, pas même assez de terre pour le chiendent de l'obsession. Voilà pourquoi je ne sais comment passer le temps. Je n'ai jamais désiré ma mère. J'ai tout juste levé les jupes d'une fille de cuisine, à la campagne, quand j'avais quatre ans. Or, malheur à l'homme qui n'a pas voulu coucher avec sa mère. Ceux qui souffrent du complexe d'Œdipe ne sont point les malades, puisqu'ils forment la quasi-totalité. Au contraire, pauvre isolé, atteint du simplexe anti-Œdipe, je pourrais, paraphrasant sainte Thérèse, hurler à tous les échos, que je souffre de ne point souffrir,

Mais, est-ce le phénomène des résistances, cher sans doute à M. de la Palice, j'ai menti, non quant à mes frère et sœurs, mais quant aux morpions, car à parler franc j'adore ces délicieuses petites bêtes. Si je n'ai pas un petit bonsoir à leur aller porter, dans leurs buissons de poils, toute la nuit je rêve que leurs souterrains neveux, les termites, à même ce corps solitaire que nulle volupté n'a fait invulnérable, vont creuser leur galerie, le long des jambes, du tronc, des bras, du cou. Et je m'effondre, presqu'île de poussière, sur l'incolore océan des draps.

Presqu'île.

Vous pouvez encore y aller de votre symbole phallique, mais comme tout, à se diffuser, devient confus, panthéisme, par exemple, ne faisant plus qu'un, au bout du compte, avec athéisme, ainsi l'interprétation pansexuelle des créatures les met toutes dans le même sac, puéril uniforme très ajusté, en peau de couille, et qui écrase le sexe de l'homme, tandis que celui de la femme est cousu à petits points du fil même qui tient assemblées les pièces du costume. A la fin des fins cette matière apparaît aussi peu érotique, aussi peu érogène, aussi peu érophile, et certes moins subtile de veine et de grain que le marbre d'où la 3ᵉ République a fait jaillir les statues de ses squares.

Or, docteur, je vous le demande, l'esprit révolutionnaire, la force libératrice d'une science que vous prétendez servir, mais dont, en réalité, vous vous servez, en quelle infecte boulette vont la métamorphoser vos mains, dont l'une est paresse et l'autre imbécillité ? Et pourquoi faut-il que, la très haute parole, un nain prétende s'en saisir, se croie plus grand qu'elle ?

— Monsieur, interrompit le médecin, une science ne vaut que par qui l'applique. Si donc vous blâmez ma manière, continuez à vous passer de la psychanalyse. Empêtrez-vous dans vos complexes jusqu'au jour où...

— Quoi ? des menaces ? Mais si j'avais des complexes, ils me seraient trop précieux pour que j'acceptasse d'en être jamais vidé. Les plus dignes parmi les hommes n'ont point à nourrir de leurs aveux, de leur moelle, leurs frères inférieurs. Et que ferais-tu, psychanalyste, de tout ce que tu m'aurais pris ? Tu dois être plein à craquer de tous les médiocres secrets extorqués à tes clients. Voleur, semblable aux autres dont nul ne sait user de ce qu'il a dérobé, c'est toujours la même brocante, le même recel à l'ombre du temple, d'où le nommé Jésus chassa les marchands. Mais il fallait commencer par raser le temple lui-même, le palais des supplices que l'humanité masochiste mit des siècles et des siècles à se construire. On ne connaissait pas la dynamite, vous récriez-vous, du temps du Nazaréen. Belle excuse. La vérité, hommes, la vérité, nous, la vérité, moi, la vérité c'est qu'il n'y a point assez de phosphore, point assez de rouge colère dans le sang de nos cœurs. Mains trop courtes (tiens, je t'offre encore deux fois cinq phallus, psychanalyste), mes mains que j'aurais voulues palmes de lumière, leurs dix doigts, leur double anémie boursouflée, n'a pas même tenté de déchirer le carton pâte des faux remparts qui m'encerclent. Je vis encagé, comme les petits camarades, captif et victime trop souvent orgueilleuse de l'individualisme bluffeur qui oppose les créatures les unes aux autres pour la vaine joie des psychologues, romanciers mondains et l'espèce multiforme des amateurs de potins et de ragots. Le Salut n'est nulle part, ne sera nulle part, tant qu'on le croira pour quelques-uns et non pour tous. Le vieux savant de Vienne qui a montré aux hommes les silhouettes nues que dérobaient, pour la plus funeste confusion, les draperies compliquées des ancestraux et vains fantômes, son admirable parole n'aura d'effective valeur que le jour où la foule, la tourbe, la canaille, comme vous dites, après en avoir dépossédé les snobs et l'égrillarde théorie des rationalistes conservateurs qui singent l'audace, cette foule, cette tourbe, cette canaille s'affirmeront assez agressives, assez inexorables pour s'en pourvoir envers et contre tous, car même la connaissance est au prix du sang, et qui veut l'acquérir doit, après avoir dénoncé des mythes tels que celui de l'instruction pour tous et mille autres de la même farine, mettre hors d'état de nuire ceux qui, ayant dispensé de faux bienfaits, n'ont voulu paraître enseigner qu'afin de mieux celer les plus essentielles des hypothèses libératrices.

N'emmaillotez donc plus les enfants de fausse humilité ou ne vous étonnez plus qu'ils souhaitent, adultes, le retour dans le sein maternel, l'oubli d'un monde où tout leur est contrainte.

Voyez Vagualame, presqu'île de poussière parce que

> *Dans le mitan du lit*
> *La Rivière est profonde.*

La Rivière ?

Lui qui aimait à parler d'océan, le voici bien modeste. A force d'orgueil, sa phraséologie, ses métaphores antérieures sans doute risquaient de devenir imprécises et même incompréhensibles. Mais si le bel esprit du Café du Commerce, dans n'importe quelle ville de notre chère France qui a la tête solide et sait à quoi s'en tenir, pouvait prétendre que notre héros méritait bien de s'appeler Vagualame, le non bel esprit du *Café du Pas Commerce*, dans n'importe quelle petite ville d'un pays idéal qui n'a pas la tête solide et ne sait pas à quoi s'en tenir, répondra que, sous ce désordre, il y avait une franchise en vrac et qui valait mieux que n'importe quel mensonge tiré au cordeau, ce qui, d'ailleurs, n'empêchera point le non bel esprit de déplorer que ce scaphandrier des plus profondes bonnes intentions ait souhaité qu'une rivière l'engloutît.

Vagualame, presqu'île de poussière qui rêvez à haute voix, éveillé, dommage que Yolande, ce morceau de vanité froide, vous entende crier ainsi à tue-tête, qu'un petit courant d'air de rien du tout éparpillerait aux quatre coins du ciel et une mare noierait le petit tas de cendre que vous êtes. Soudain, vous vous attendrissez, d'une incompréhensible indulgence, pour vos mains trop blanches qui feraient un beau nénuphar double. Tout de même, quand on se noie, on cherche à étreindre quelque chose au passage. Vagualame s'accroche à une chanson, la première entendue, celle dont berça ses plus jeunes mois sa nourrice, une Bretonne que ce dénaturé, ce sansinstinct, ne sut pas même téter spontanément.

Mais foin du passé.

Voici les paroles que hurle, sur un air pas très sûr, notre héros :

> *Tout le monde y pue*
> *Y sent la charogne*
> *Ya qu'mon doux Jésus*
> *Qui sente l'eau d'Cologne*
> *Gnac gnac gnac mon doux sauveur*
> *Qu'a la bonne odeur.*

Du coup c'en est trop.

L'insolence de ce couplet rendrait Yolande folle furieuse si, grande dame, elle ne savait se maîtriser.

— Quand j'étais petite, monsieur, je demandais souvent quelle sorte d'animal était le mufle. Si je vous avais rencontré je n'aurais plus eu besoin de répéter cette question. Ceci posé, je crois que nous nous sommes assez vus. Je n'ai plus rien à vous dire. Comment ai-je pu, tout à l'heure, vous confier le secret de ma vie ? Vous avez un vilain caractère et on doit avoir beaucoup à craindre de qui chante pareilles imbécillités. *Gnac, gnac, gnac mon doux sauveur.* Je t'en donnerai du gnac et du gnac, et de l'authentique, tu verras, quand je te ferai grignoter par le rat qui pèse cinquante kilos. Ce rongeur et le taureau d'appartement auraient vite fait de venir à bout d'une carcasse de Vagualame. Ton salut, c'est la Patata. Elle sait que tu es avec moi. Je la voudrais au diable. Vite qu'elle parte pour les Indes et s'y paie un tel bon temps avec les 3o paires de jumeaux du Maharadjah, qu'elle ne veuille plus jamais en revenir. Alors, gare à ta peau. Allons, ouste, bonsoir.

— Bonsoir, madame.

— Ah, si vous m'aviez comprise, tout à l'heure, j'allais vous aimer. Mon inhumaine beauté, quel drame ! n'est point pour ceux de ce monde.

— Adieu, madame.

— Adieu, monsieur, et bon voyage.

— Au fait, puisque vous parlez de voyage, si j'allais, docile aux prédictions de la Rosalba, faire connaissance avec la Rouquine votre nièce, Dame de la Mer, qui est, m'avez-vous dit, à Berlin ?

— Allez, monsieur. Nous nous y retrouverons, car j'ai accepté de présenter mon fakir au Wintergarten. Les Allemands adorent les variétés. On me paie un prix fou. Je serai très adulée, très puissante. Allez, monsieur, mais ce sera la guerre, Gare à vous.

IV

Vagualame à Berlin. — A la recherche de Dame de la
Mer dont il n'a pas oublié que le beau-père était spécialiste de la chirurgie faciale. — Chez ce rafistoleur
des visages, Herr Dr Herzog. — La mère de Dame de
la Mer, Frau Dr Herzog, avec sa figure à moitié réparée,
sert de réclame à son mari. — Dame de la Mer vient
de subir une étrange opération. — L'institut sexuel du
Dr Optimus Cerf-Mayer. — Où l'on rencontre le frère
de l'héroïne de cœur de goitreuse, un Suissaud perverti. — Adolescence d'un anormal dans le canton de
Vaud. — Le fétichisme des gants beurre frais. — Balzac et Mme Hanska, à Neuchâtel. — Les ovaries et les
otaries. — Encore une chanson. — Dame de la Mer
est amoureuse et aimée d'une Américaine, Miss Patre,
prénommée Cléo. — Qu'en dites-vous, papa Ibsen ? —
Emma Psychologie. — Elle porte des bas du même bleu
que Mme Hanska, Hanska, la belle Polonaise. — Au
fond des fjords, dans la maison du Revenant. — Byron
et ses amours. — Le Musée de l'Institut sexuel. — Une
séance d'éonisme. — Défilé des mannequins. — Arrivée de Yolande. — Ce que le Suissaud appelle un
schoën lokal. — Le regard d'une jolie Berlinoise. —
Cartes sur table. — Vagualame, c'est René Crevel. —

Pendant l'absence de Yolande, le taureau d'appartement et le rat qui pèse cinquante kilos ont éventré, grignoté le fakir. — Mort de Yolande. — Je me refuse à prendre le ton documenté pour parler de Berlin, capitale de la Prusse et de la Pureté. — Il n'y a pas d'oasis. — Gulf Stream des mappemondes spirituelles. — Faire la planche.

A Berlin.

Comme il n'avait pas oublié que le beau-père de Dame de la Mer, le beau-frère sans le savoir de Yolande, était un spécialiste de la chirurgie faciale, Vagualame releva, sur le livre des téléphones, les noms des modistes mâles et à diplômes qui vous coupent, taillent, rognent la peau avec la même et aussi simplement joyeuse désinvolture que s'il s'agissait du feutre le plus docile, deux fronces à chaque tempe, plis et surjets sous le menton et un petit coup de retroussette au nez des belles Prussiennes, qui, d'avoir vu les Lancret dans les chambres et les couloirs froids de Sans-Souci, rêvent de frimousses Pompadour et des grâces de cette Barbarina dont le nom est, à lui seul, un symbole puisque le 18ᵉ français, fort voyageur, pour cacher des idées que les douanes du temps ne devaient pas tenir à laisser passer, avait, dans ses bagages, un lot de peintures complaisamment frivoles, des soies et colifichets, et surtout mille fanfreluches qu'il épingla au Nord-Est de l'Europe, sur cette belle surface qui, sans abus de confiance métaphorique, pourrait très bien figurer une poitrine large à grands seins fermes, paradoxaux parmi le rococo des parures dont les surcharges faisaient, par antithèse, plus belle encore la barbarie, si belle que s'appelait tout juste Barbarina, et ne pouvait s'appeler que Barbarina, la danseuse, papillon de tulle et de flamme, diablesse tourbillonnant sur les pointes et incroyable parmi les filles aux longs pieds, vraie figue de Barbarie, dans la solitude magnifique et glaciale des landes où le plus rude fruit a besoin d'une serre, et si troublante que le vieux Frédéric lorsqu'il voulut lui faire hommage d'une virilité, d'ailleurs sujette à cautions, ne put, finalement, que lui offrir une tasse de thé.

La rage à croire en de possibles meilleurs, quoique les conférenciers et journalistes s'obstinent à parler du Désespoir et du mal de ce siècle, permet que cent quarante praticiens, dans une seule capitale d'Europe, vivent, ou aient des raisons d'espérer vivre, des anatomies et expressions à rafistoler.

Menée par ordre alphabétique l'enquête de Vagualame lui avait déjà mangé une semaine, quand, parvenu à la lettre H, il recueillit sur le privat docent Karl Herzog des renseignements qui lui donnèrent tout lieu de croire qu'il tenait enfin son homme. Il s'en fut donc lui demander si pouvait se métamorphoser en nez du style grand Condé celui quelque peu en truffe dont il était porteur.

— Enfance de l'art, lui fut-il répondu. Anesthésie locale. On ouvre, on bourre de paraffine, et, après avoir modelé, on recoud. Le patient n'a qu'à dire ce qu'il veut, et, selon ce qu'il aura choisi, deviendra busqué comme un baron balte, aquilin, bourbon, rectiligne à la grecque, et sans, d'ailleurs, risquer de rien perdre de ses facultés olfactives...

Pour que le ravaudeur des faces sortît de la généralité et entrât dans la voie des confi-

dences, Vagualame, soudain, feignit d'hésiter,
s'inquiéta de savoir si cette rédemption par le
fer et par la cire ne risquait pas, mais pas du
tout, de lui abîmer quand même, tant soit peu,
le portrait, et si, par exemple, le Dr Herzog
oserait une telle opération sur quelqu'un des
siens, ou, ce qui serait vraiment convaincant,
l'avait déjà osée et réussie.

Le privat docent donna en plein dans le
panneau et envoya chercher Frau Dr Herzog
elle-même, puisque sur le visage de sa propre
femme il s'était exercé la main.

De profil, vue de droite, Frau D^r a vingt
ans. De gauche, elle en porte cinquante. De
face, mi-virginale, mi-flétrie, on croirait
qu'une ligne verticale lui passe par le milieu
du front, du nez, des lèvres, du menton, pour
séparer jeunesse et flétrissure d'un trait non
moins idéal, mais aussi net que l'équateur
entre les deux hémisphères de notre globe.
Or, que dirait le voyageur ou navigateur des
tropiques, si l'invisible cercle dont les géo-
graphes ont ceinturé la terre délimitait deux
portions toujours quasi égales en poids, cha-

leur, masse et matière, mais si dissemblables d'aspect que l'une semblerait calcinée par l'incendie, le siroco, les fièvres et les tourments du soir, tandis que l'autre, qui la touche, la précède, y colle, sans la moindre transition, serait demeurée fraîche de la naissance du jour ?

La paradoxale Frau D^r, avec ses cinquante pour cent de visage rafistolé, sert de preuve vivante : Avant. Après. Elle n'a d'ailleurs guère à se plaindre d'une opération qui l'a rendue célèbre, puisque tous les peintres expressionnistes ont voulu faire son portrait. Un philosophe de l'Université d'Iéna, auteur d'un savant ouvrage sur l'asymétrie et la puissance séductrice, vient de lui consacrer (en appendice, à un premier travail) un opuscule illustré. La saison dernière, au bal monstre qui a lieu pour le Carnaval, au Palais des Sports, immense vélodrome, toujours trop petit, ce jour-là, pour la foule qui veut y entrer, parmi des milliers et des milliers, elle a été la plus remarquée et a même remporté le premier prix, grâce à son costume de « Mère et fille », si naturellement

« petite vieille » d'un côté, « fillette » de l'autre, qu'elle semblait faite de deux morceaux de temps, joints par une soudure invisible.

Frau D^r a, d'ailleurs, toute une collection de photographies et articles qu'elle va se faire un plaisir de montrer à Vagualame, tandis que Herr D^r continuera de recevoir ses clients. Vagualame, qui la suit dans la chambre aux documents, lui demande si elle connaît Paris. Frau D^r se récrie : Paris, mais elle y est née, y a vécu des années, s'y est même mariée une première fois et y a donné le jour à une charmante fille, Dame de la Mer, qui sera si heureuse de montrer à un compatriote les curiosités berlinoises, quand elle sera sortie de l'Institut du Professeur Cerf-Mayer, où on vient de lui faire une bien curieuse opération.

Vagualame cherche en quoi peut consister « une bien curieuse opération » pour celle qui porte d'un cœur léger une synthèse contradictoire de visage. Mais il n'a pas un long temps à s'interroger, car c'est une avalanche de questions sur Paris, ses modes, ses théâtres, dont n'attend même point la réponse Frau D^r,

aussi bavarde que sa jumelle, constate Vagualame, qui a beau jeu, après tout ce que Yolande
lui a raconté, de découvrir que les filles du
cocher se ressemblent aussi exactement que le
peuvent, d'une part, une réclame de teinture
pourvue d'un échafaudage pileux, blanc à
droite, noir à gauche, d'autre part, une statue
de glace.

Expressionniste à Berlin, comme elle fut,
voilà des années, ibsénienne à Paris, Frau D^r
est une dans l'innombrable théorie des femmes
de bonne volonté qui courent le monde en
robes médiévales, des nattes roulées sur les
oreilles, des perles de bois peinturluré arran-
gées en colliers, bracelets, etc..., et, au gré
des modes, font de la pyrogravure, du cuir
repoussé, du spiritisme ou de la culture physique, toutes nues, dans les prairies, où elles
acceptent très volontiers qu'on les photographie sautant des haies, pour les illustrés de
l'Europe centrale.

A la ville, dans les ateliers où elles peignent
des anges anémiques sur un fond-fouillis de
palmes et de lumières, habillent de reliures

gothiques les poètes anglais bleus et roses, aussi bien qu'aux champs, lorsqu'elles cueillent les plus innocentes des fleurs pour des couronnes et des guirlandes, partout et toujours, elles s'affirment végétariennes en diable, folles des spectacles d'art et danses rythmiques, parlent extasiées et sibyllines de Bach et de Rimbaud, qu'elles appellent Jean Sébastien et Jean Arthur, comme s'il ne s'agissait que de petits cousins juifs ayant réussi à glisser un prénom rare entre le banal qui leur est propre et le Lévy patronymique. Chastes et paisibles créatures et qui jamais ne refuseraient de partir en guerre pour défendre une liberté que nul ne leur conteste.

Ainsi, Frau D^r, esclave de son privat docent, jusqu'à lui servir de réclame avec sa tête d'avant-après, éprouve-t-elle le besoin de proclamer bien haut, devant Vagualame, ses principes quant aux droits sexuels. Jadis la femme (Frau D^r montre, du doigt, la moitié ridée de son front symbolique) était domestiquée. Aujourd'hui, elle commence à s'affranchir (caresse à l'autre moitié remise en état, jeune,

lisse). Survivent, de l'ère barbare, à peine quelques épouses encore soumises à l'hebdomadaire coït conjugal qui rend mères sans laisser
le temps de devenir amantes. Mais ce n'est pas
fini. Des faits , il faut des faits, et pas simplement des théories, si l'on veut que les mœurs
deviennent ce qu'elles doivent être. C'est
pourquoi Frau D^r est fort heureuse que sa fille
ait subi à l'Institut sexuel du Dr Optimus Cerf-
Mayer une opération qui la métamorphose, à
son gré, dans sa plus secrète intimité.

Frau D^r a justement promis à sa fille d'aller
la voir cet après-midi.

Donc, si Vagualame n'a rien de mieux à
faire, qu'il l'accompagne.

L'institut sexuel du Dr Optimus Cerf-Mayer.
Une façon de ministère avec colonnes en
faux porphyre, escaliers de pompeux mauvais
goût, paquets de brochures éventrés à terre,
et dans des niches deux bronzes d'art, un monsieur à moustaches, tout nu, grandeur nature,

et une dame de la même taille et dans le même équipage.

Le Dr Optimus vient justement de sortir, mais son plus cher disciple recevra Vagualame et lui montrera les curiosités de l'établissement, tandis que Frau D^r ira voir sa fille, à l'étage des opérés.

Le plus cher disciple, un Suisse (encore) parle d'Optimus Cerf-Mayer avec des larmes dans la voix. Et certes, comment, sans un maître ès choses sexuelles, aurait pu s'y retrouver le jeune montagnard qui, même avant la puberté, dans une chair qu'on aurait crue héréditairement coriace et imperméable aux vices, sentit s'éveiller de pervers instincts ? Anormal. Il était anormal. Et on parlait de stériliser les anormaux du canton de Vaud. Lui, avec ses goûts, ne risquait certes point de faire des enfants. Donc il pourrait opposer l'inutilité de sa stérilisation. Tout de même, il avait froid dans le dos quand on discutait de la loi sur l'anomalie. Rossignol parmi les pingouins (il avait trouvé, tout seul, cette image), il aurait voulu chanter, aimer. Il n'o-

sait, confondu par le saint exemple des siens
et surtout celui de sa sœur aînée, créature
d'élite, dont la vertu venait d'être célébrée
(tiens, comme on se retrouve) tout au long de
Cœur de goitreuse.

Dernier né, enfant de vieux, sans doute
était-il d'un sang plus pauvre, puisque, le seul
de toute la chaletée, il demeura sans goitre.
Sa mère, qui le considérait comme quelque peu
infirme, n'aurait certes pas continué à l'entourer de douce pitié si elle avait imaginé
quelles tentations le tenaient éveillé, la nuit,
le cœur battant à l'unisson du coucou national, dans son petit lit blanc. Peut-être, lui-
même, à force de lutter, aurait-il fini par étouf-
fer la voix des sens, si la fatalité n'avait voulu
qu'un beau jour s'amenât pour passer le temps
de ses vacances un cousin de Zurich.

Le Zurichois, très gandin, fait grosse impres-
sion, grâce à des gants beurre frais, qu'il ne
quitte, et tout juste, que pour manger et dormir. Amoureux du dandy et des gants, le petit
montagnard emmène le tout en promenade, et
quand il y a quelques sapins entre eux et la de-

meure familiale, il caresse les doigts encapuchonnés du citadin, qui, pour toute réponse, lui écrase les lèvres de ses dents. Arrêt. On se couche sur l'herbe, mais, soudain, le Zurichois, qui semblait prendre plaisir au jeu, laisse son partenaire en plan et crie : « Blumen, Blumen ». Des fleurs, des fleurs. C'est le miracle des colchiques, le contraire même de celui que Vagualame vit rendre folles les vendeuses de mimosa. Blumen, Blumen. Des fleurs, des fleurs, dont l'innocence donne honte de la chair, de toute chair. Le Zurichois sera pasteur, mais, avant de partir pour l'école de théologie, il offre ses gants beurre frais, les gants profanes, les gants coupables au petit montagnard qui n'a jamais habillé ses mains rougeaudes.

Équivoque présent et qui suffit à décider d'un fétichisme opiniâtre.

L'hiver suivant a lieu l'avalanche, dont le torrent, avec la maison, ses ours en bois sculpté, la statue de Guillaume Tell en rebois sculpté qui protégeait un honnête petit monde, emporte aussi les gants beurre frais.

On sait que, grâce au sacrifice de la sœur aînée, sera reconstruit le chalet.

Mais les gants ?

Ils sont à jamais perdus.

D'où la mélancolie du futur disciple d'Optimus.

Comme on a payé son pesant d'or le goitre de l'alpestre Iphigénie, l'adolescent ira terminer ses études à Neuchâtel.

Bien entendu il ne se laissera point ensorceler par le charme de la ville sans bruit, sans fumée. Pourtant, la nuit, un rêve le mène au bord du lac.

Les eaux sont vertes, mais d'un vert dont la pâleur est celle du froid. Sur le petit tertre où il doit rencontrer Mme Hanska, Balzac de long en large promène son ventre, sa redingote aux pans froissés et son pantalon en vis de pressoir. Arrive Mme Hanska. Fort belle. Petit chapeau à brides, long voile immatériel, les pieds gainés de reps noir. Jaquette de taffetas feuille morte, jupe de jaconas à volants, fleurettes blanches et noires sur fond rouille. Par malheur, des larges manches dégouline un sang de comtesse naturellement bleu, mais qui n'en tachera pas moins l'exquise toilette de voyage. Révérence de la dame au génial romancier. Petit coup de vent traître venu de la surface des eaux, les volants s'envolent et Balzac n'a plus d'yeux que pour les bas du même azur foncé que le noble sang. Mme Hanska pour l'heure a bien d'autres soucis. Assez intimidée (le psychologue note combien exquise peut être la gaucherie chez une personne de si haute volée), elle s'excuse de n'avoir plus de mains au bout de ses poignets. Tout à l'heure, dans la diligence, comme elle voulait arranger ses cheveux, son chapeau et tout ce tulle flottant, elle a mis tant d'énergie à se déganter, que les doigts et les paumes sont venus avec le joli chamois beurre frais dont elle voulait les libérer.

Qu'à cela ne tienne, répond Balzac. J'ai d'assez bonnes grosses pattes pour qu'on puisse vous y tailler une paire de menottes. Et puis vous êtes et serez toujours

Hanska, Hanska, la belle Polonaise.

Et, sur un air de boîte à musique, voilà Balzac qui se met à danser, d'une telle patauderie qu'il devient, à force d'entrechats, l'un des ours en bois sculpté du chalet familial. L'ours et le chalet sont emportés par une nouvelle avalanche, et, avec eux, toutes les mains qui ont eu des coquetteries beurre frais.

C'est à ce point du rêve que le disciple du D'' Optimus s'éveille en sursaut.

Il finit par se confier à un jeune Roumain, beau comme un bouvier antique, venu étudier la psychologie enfantine, d'ailleurs excellemment expérimentée et enseignée à l'université de Neuchâtel.

Le Roumain conseille un petit séjour à l'Institut d'Optimus Cerf-Mayer. Lui-même, au fin fond de sa Valachie, se morfondait avant qu'il eût décidé d'aller consulter le savant berlinois pour qui, d'ailleurs, ce fut un jeu que de voir clair dans le fils des gospodars, puisqu'il lui prouva, illico, que toutes ses hantises avaient leur principe dans le désir jusqu'alors insatisfait de coucher avec une femme qui eût un sexe d'homme.

Le Suissaud prend donc un billet pour Berlin.

Cerf-Mayer lui ouvre grands les bras et les portes de son palais. Sur-le-champ, il envoie chercher deux paires de gants beurre frais : une, que portera nuit et jour le jeune inquiet, l'autre pour figurer dans le musée de l'Institut parmi divers fétiches, dont les bottes d'un nègre éoniste type, c'est-à-dire semblable au chevalier d'Éon connu pour n'avoir jamais porté les vêtements de son sexe. Comme beaucoup d'éonistes mâles, ce nègre avait le vice des bottes, qu'il faisait faire à très hauts talons, d'après un modèle genre aviateur, en vogue pendant la guerre, de l'un et l'autre côté du front, quand les plus frêles jeunes filles copiaient les soudards, car l'éonisme souvent se complique, l'homme qui s'habille en femme poussant la perversité jusqu'à vouloir sembler une jeune femme éprise des autres femmes et qui, pour les mieux séduire, affecterait une allure quasi masculine.

Le Suissaud, d'après Cerf-Mayer, s'assimilait à la Dame Hanska de son rêve, et, s'il ne se fût refoulé, eût porté jupe à volants de jaconas fleuri blanc et noir sur fond rouille, jaquette de taffetas feuille morte, petit chapeau à brides et long voile du même vert inquiétant que les eaux du lac. A noter, d'ailleurs, qu'il était amoureux de Balzac, puisqu'il avait inventé la danse balourde afin de le mieux confondre avec l'ours, premier symbole viril dont ait pu s'émouvoir une inversion en quête dans un chaste chalet.

Mais puisque son désir inavoué pour un monsieur à gros ventre l'a mené jusqu'ici, le Dr Optimus, décidément généreux, offre sa rondouillarde personne.

Devenu « le plus cher disciple », notre Suissaud oubliera cimes et forêts pour se dévouer corps et âme à l'œuvre de son maître.

Aussi, s'empresse-t-il de remettre à Vagualame le questionnaire de la maison, deux pages dont la fine et insidieuse imprimerie s'enquiert des goûts, capacités, dimensions, anomalies et menu fretin des signes distinctifs. Ceci fait, il parle de l'article 175 du Code pénal allemand qui punit de prison l'homme qui a eu des rapports avec un jeune garçon. A vrai dire, l'article 175 n'est pas un grand empêcheur. Cerf-Mayer, qui, d'ailleurs, n'a jamais manqué de courage, n'en a pas moins, depuis toujours, mené une campagne si acharnée pour son abolition, que les nationalistes bavarois, à Munich, en 1919, ont attenté à sa vie.

Or si, note le Suissaud, le plus grand nombre se soucie assez peu de l'article 175, certains malchanceux, amateurs de plein air, surpris plusieurs fois la nuit, par la police, dans le Tiergarten, et, du fait de la récidive, condamnés à une assez longue peine, au sortir du cachot viennent, et plus souvent qu'on ne saurait croire, demander à Cerf-Mayer un certificat en bonne et due forme qui leur permette de subir la castration. Opération de rien du tout. Moins grave qu'une vulgaire appendicite.

Vagualame aimerait mieux penser à autre chose, mais le Suissaud, heureux de se sentir à l'abri de la stérilisation légale, dont le canton de Vaud menace ses habitants, épilogue sur les avantages échus aux eunuques de leur gré. Les hommes, paraît-il, ne sont pas seuls à bénéficier de l'aide tranchante du fer, et les femmes ont aussi un grand goût pour les ablations qui les métamorphosent dans leur intimité sexuelle.

— Ainsi, la fille de Frau Dr Herzog, Dame de la Mer, docile aux volontés d'une belle Américaine, Miss Patre, son amante, n'a pas craint de se faire raboter la poitrine et enlever ce que le jeune Helvète mysogine appelle, comme s'il s'agissait d'une sautillante famille de très jeunes et gentils animaux : les ovaries. Un jeune homme qui trouvait qu'une partie de ce dont venait d'être allégée la jeune fille ferait fort bien son affaire, vint à l'Institut pour qu'on lui greffât...

— Les seins ? interrompt, simpliste, Vagualame.

— Non, les ovaries, rectifie le Suissaud, et

on les lui a effectivement greffées sur la hanche droite.

— Joli bouquet.

Sans doute Frau Dr Herzog a-t-elle raison, et chacun a le droit d'user de soi, de son corps, de son visage, comme il l'entend, mais pourquoi faut-il qu'une Américaine, habituée, par la mode transatlantique du camping, à coucher sur la dure, ait décidé à se faire planche la Rouquine que, sur la foi de Mme Rosalba, Vagualame était venu prier de se laisser engrosser d'un enfant bleu ?

Il pleure les ovaries, comme dit le Suissaud, les ovaries ravies à leurs nids, pour un exil sur une hanche droite de godelureau, bébés fous, bébés ivres, mes petits coquillages absinthiques, palourdes d'amour, martins pêcheurs, martins pêchés, ovaries, plus attendrissantes que vos cousines patronymes les demoiselles otaries, les otaries, chères filles, arrachées aux délices des glaces originelles pour jouer du violon ou du cor de chasse dans la poussière des music-halls, entre un numéro d'équilibriste japonais et les efforts d'un couple d'acrobates syphilitiques à maillots violets déteints sous les bras.

Mais les ovaries d'une Dame de la Mer ont de la famille ailleurs que sur les banquises, et, en Méditerranée, par exemple, toute la troupe se serait bien fiancée à un phalanstère d'oursins.

A table, au dessert, le jour des noces communes, on aurait chanté :

Ursule, Ursuline,
Monsieur des Ursins,
L'ours, votre cousin,
A son fils marin.
Vive la Marine
Et gloire à l'oursin.

En Polynésie, mi-algues, mi-corail, elles se seraient épanouies, végétation minérale, et dignes de ces arbres de sel qu'on trouve dans le secret des mines au fond du fin fond de la terre. Or, plantes, même plantes, ces ovaries n'auraient pas voulu de ton pollen, Vagualame, grande orchidée. L'enfant bleu ? Mais il était chimère parmi les chimères de la pythonisse en délire d'un quartier petit bourgeois. Père d'un bébé azur, tu n'aurais pas été mécontent. Sacré instinct génésique. Tu as honte. Tu te sens frustré, diminué. Drôle de moralité à l'histoire de la Rouquine rabotée. Le Suissaud parle. Tu l'écoutes sans l'entendre. Tu restes en plan, tout saugrenu. Aussi sot que grenu. Les calembours, maintenant. N'empêche que, pour une plage de peau, à droite d'un nombril, les ovaries ont déserté Dame de la Mer.

Or, de tout ceci, que pourrait bien penser le grand Scandinave sous la protection duquel son prénom semblait avoir mis la jeune opérée ? que dirait-il l'auguste vieillard à barbe de brume, ce créateur qui sut faire jaillir du brouillard tout un peuple de photographes ivres d'hyposulfite, d'architectes dont les maisons s'obstinaient à ne pas tenir debout, de moribonds, d'ataxiques, de financiers véreux, d'inadmissibles femmes enceintes, de jeunes mères de famille qui perdent la tête rien que d'avoir dansé une tarentelle, le mardi-gras, je vous le demande une autre fois, que dirait-il,

lui qui, dans les maisons de la ville en fête
aussi bien que dans une campagne désertique
ou un fjord solitaire, savait vous dénicher de
ces cas de conscience à l'orgueil quasi alpestre,
que répondrait-il s'il entendait le Suissaud
annoncer que Dame de la Mer bientôt sera
peinte nue, la poitrine telle que l'a simplifiée
son opération, c'est-à-dire sans la plus petite
ombre de seins, au beau milieu du mur, dans
le Musée de l'Institut sexuel ?

Hein, papa Ibsen, si ces messieurs tabé-
tiques, les fines fleurs d'hystérie, leurs compagnes et les adolescents hérédos pour qui tu
as le même faible que la Suisse pour ses goi-
treux, si tes Hedda, Eilert, Oswald et Cie et toi-
même aviez entendu l'histoire des bottes à
hauts talons, et celle de la paire de gants
beurre frais, n'auriez-vous point alors trouvé
que l'épilepsie des messieurs en frac, la mé-
galomanie d'un entrepreneur de travaux publics, les propos délirants d'une vierge en train
d'abîmer le plancher d'une scène avec l'al-
penstock dont les coups rythment son discours,
les divagations d'une dame très bien élevée au

bord des flots, ne sont, après tout, que de la gnognotte, car c'est une autre chanson quand, sur la nuit du monde, hurle, et pour de vrai, la chair.

Optimus Cerf-Mayer, il est facile de le moquer.

Mais qui donc pourrait mieux aider les créatures égarées dans la forêt des cris et des pals à leur déchirer derme et épiderme, et tout l'épithélium, l'interne et l'externe, et la moelle, la précieuse moelle ? Le populo, quand il parle d'un masturbé, dit qu'il se fait sauter la cervelle, comme si tout crâne devait se vider, dans un grand fleuve de tiédeur opaline. Et quelles vagues sur ce fleuve aux flots pourtant épais. Le vent qui les soulève ne s'appelle ni fœhn, ni mistral, ni siroco. Il a retourné les plus lourds radeaux du désir. Accords éperdus, arpèges déchirants, à croire qu'on arrache, des corps en vie, tous les nerfs. J'entends glapir, pleurer, rager, insulter à haute voix, à la plus haute voix de terre, une voix, papa Ibsen, qui ne se laissera point assaisonner à la sauce symbole.

Vous avez compris maintenant le titre de ce livre, et pourquoi on vous demande :
Êtes-vous fous ?

A tirer, par exemple, de la masse des documents de Cerf-Mayer la photographie d'un jeune homme qu'on avait tout lieu de croire correct et prudent (c'est encore du Prince de Galles qu'il s'agit), qui n'a pas craint de s'habiller en femme, et de se faire photographier ainsi, à se rappeler que ce portrait juponné parut en toute innocence à la première page d'un fort respectable journal parisien (1), n'est-ce point suffisant pour qu'on renonce à l'étude de l'homme, du moins selon la méthode classique, celle qui se vantait d'atteindre au cœur même du mystère par les voies de l'expérience et de la raison ?

(1) *Excelsior.*

Dame Psychologie, la pimbêche, baptisons-la Emma une fois pour toutes et n'en parlons plus. Toi, papa Ibsen, il faut te rendre cette justice, tu l'avais trouvée assez vilaine pour la vouloir voilée. Donc la péronnelle aux bas bleus, arrivée au pays des fjords, s'était embarquée sur l'un de ces petits vapeurs qui font la poste. Toi, capitaine d'un médiocre navire, tu regardais la nuit tomber, tandis que la passagère avait, pour arranger ses tulles et ses gazes, les gestes mêmes de la Hanska au bord du lac de Neuchâtel. Capitaine Ibsen, Capt' Ibs', comme dit le mousse, tu te prends à réfléchir. Or ce Revenant qui gesticule (dieux ! quelle vitalité) là-bas, dans la demeure familiale. Cap' Ibs', ne crois-tu pas qu'il ferait mieux d'embrasser pour de vrai, et là où l'entend son désir, la jeune servante, à la naissance de laquelle ne se trouve pas tout à fait étranger feu M[r] son père ? Mais la vieille maman, une brave Scandinave, dont les idées n'ont guère à craindre les courants d'air sous l'édredon de cheveux blancs qui les protège, avec l'acharnement des vertus malheureuses, qui, des années et des années, ont attendu en silence le moment de dire tout ce qu'elles avaient sur le cœur, parle, parle. Et elle en dégoise. Son fils essaie de lui couvrir la voix, mais, pauvre jeune homme, ses forces l'abandonnent. Il n'a même plus envie de coucher avec la bonne. Il demande le soleil. On lui offre un verre d'eau. Il meurt. C'est la vie. Le revenant ne reviendra plus.

Du fond de sa douleur, la dame au respectable chignon déjà regrette de n'avoir point laissé les choses aller leur train qui n'eût, certes, pas manqué d'être surprenant, si elle avait permis au cher disparu de faire une connaissance extra-fraternelle avec la domestique bâtarde. Il eût pu s'autoriser d'illustres précédents, de Byron, par exemple, qui fut, comme chacun sait, l'amant de sa sœur, influence qui eût, d'ailleurs, risqué d'entraîner un peu loin le cérébral et nerveux jeune homme, puisque, la chair non assouvie par l'inceste, l'insatiable pied-bot (ces boiteux, tout de même, quels tempéraments !) s'en fut à de nouvelles amours maudites, dont il poursuivit la série avec, entre autres, un jeune médecin italien, profil de médaille, yeux longs à faire le tour de la tête et encore un petit nœud par derrière, et dont le buste sculpté, grandeur nature, a place d'honneur dans le Musée de l'Institut sexuel, entre le panneau vide, destiné à Dame de la Mer, et celui que couvre une peinture de couleur officielle représentant l'attentat contre Cerf-Mayer.

Dans ce musée, toutes les sortes de sadismes, masochismes, fétichismes, onanismes, les variétés infinies du rut et de l'accouplement sont figurées, soit que les schématise quelque savant graphique ou les fixent, dans un des aspects de leurs mouvantes métamorphoses, des photographies, tableaux, dessins aussi exacts que possible.

A signaler aussi un magnifique choix de fouets, chaînes, lits de supplices, pour les amateurs d'éducation anglaise, une belle variété de dames de voyage, de phallus grands et petits et d'instruments chinois pour ranimer les virilités défaillantes, le tout aussi bien étiqueté, rangé qu'une collection de papillons ou de minéraux.

A regarder tant de photographies, où les créatures ne sont plus que rouages des machineries de sensualités, qu'il s'agisse d'hommes et d'hommes, de femmes et de femmes, d'hommes et de femmes, de bergers et de chèvres, de filles et de chiens loups, Vagualame voit comment Léda et son cygne ont pu, de couple scandaleux, devenir sujets pour statuettes d'albâtre, pendules du plus honnête bronze.

Pour amasser une telle quantité de documents, Cerf-Mayer a dû lancer de par le monde toute une armée d'agents secrets, qui s'est éparpillée dans les bordels, les maisons de rendez-vous, les cabinets de toilette bourgeois, les bains de vapeurs, les soutes des vaisseaux de guerre et de commerce, les jardins publics aux heures louches, les promenoirs de music-hall et les cinémas où les tentations se frottent aux tentations, les chambrées des casernes, les ports, leurs quartiers réservés, leurs quais, leurs docks, les arrière-boutiques provinciales, les dortoirs des lycées, et surtout les rues, les rues qui n'en finissent jamais, et qu'on enfile, pas au figuré, les rues enfilées comme ne demanderaient qu'à l'être leurs putains en bouquets rôdeurs, quand le trottoir, la chaussée, crus vides, voici une minute encore, par l'homme pressé de rentrer chez soi, soudain, ont d'une ombre plus foncée que la nuit, d'une danse inexplicable à même le macadam, réveillé les désirs et forcent à se tendre, à vivre, la chair qui ne voulait plus que le sommeil, l'oubli, la mort.

Grâce au dévouement de ses collaborateurs, Cerf-Mayer a pu dresser des listes, des statistiques, établir par exemple le nombre approximatif des hommes qui n'ont pas besoin d'une autre bouche que la leur pour contenter ce qui, d'eux-mêmes, se plaît tout particulièrement à être chatouillé d'une pointe de langue hardie.

Et certes, la police du Dr Optimus n'est pas mal faite, puisque, du dossier de l'héritier d'Angleterre, le Suissaud a tiré une photographie du dessus de lit brodé pour Yolande.

Vagualame joue à l'ignorant curieux.

Interrogé sur Yolande, le Suissaud, après

avoir compulsé les archives, répond qu'elle est
une grande cocotte. Il parle du fakir, dont il
ne soupçonne pas l'usage exact, non plus que
celui du rat, du taureau.

Le surlendemain de sa visite à l'Institut
sexuel, Vagualame reçoit une carte de Cerf-
Mayer qui l'invite à une séance d'éonisme en
l'honneur de Dame de la Mer, remise sur pied
et qui vient d'obtenir la permission de s'habiller en homme.

La séance d'éonisme.
Frau Dʳ Herzog au premier rang.
Vagualame s'assied à côté d'elle.
Assistance très grave et qui applaudit à tout
rompre quand paraît Cerf-Mayer.
Le maître salue et commence une causerie
qui répète à peu près tout ce que le Suissaud
a déjà dit.

Puis c'est le défilé des mannequins.

D'abord l'éonisme à sa naissance, imparfait, tel que le représente un premier jeune homme habillé normalement, mais coiffé d'un béret de satin bleu, avec une petite plume rose, comme une guiche sur sa joue plâtrée. Le suivant porte un pantalon court très juponné, grâce à quoi paraît d'autant plus piteuse une jambe de coq, gainée dans un bas de soie noire. Le troisième drape sur un raglan misérable une étole en peau de lapin pelée. Quant au quatrième, mains d'étrangleur, nuque de boucher, il tombe la veste, le pantalon, émerge tous volants, soies et dentelles, chemise en crêpe de chine, soutien-gorge de tulle à faveurs mauves et incroyables sur un torse de lutteur.

Et maintenant, le morceau de résistance : une grosse dame timide qui s'avance et, de sa plus douce voix, avoue qu'elle est un ancien uhlan. Il avait toujours aimé s'habiller en femme, et, après la guerre, pour mieux aller avec ses robes s'est fait castrer. Le dernier poil de sa barbe tombé, son corps engraissé, arrondi, elle est bien heureuse. La semaine elle travaille comme ouvrière dans une usine de produits chimiques. Le dimanche, pour se distraire, elle a ses petits travaux à l'aiguille. Elle sort de son sac des napperons, serviettes à thé, dessous de carafe. Très galant, Cerf-Mayer lui offre son bras pour aller de l'estrade à la salle, où les spectateurs se font un plaisir d'acheter les broderies.

Enfin voici Dame de la Mer.

Belle, malgré la brosse qui lui sert de chevelure et son costume d'employé de l'enregistrement.

Ni homme, ni femme, comme sa mère n'est ni jeune, ni vieille, Yolande ni morte, ni vivante, la dernière d'une lignée qui, en une seule personne, sut, à plusieurs reprises, assembler d'irréductibles contraires, elle remercie le directeur et le chirurgien de l'Institut sexuel au nom des hommes qui eussent dû naître femmes et des femmes qui eussent dû naître hommes.

Vagualame est le seul à ne pas applaudir.

Encore un mot ému pour Frau Dr Herzog,

mère sans préjugés, qui permit la délicate opération, et toute la salle croule.

Dame de la Mer, après avoir salué, va s'asseoir à côté d'Optimus.

Entre Miss Patre.

Travestie en page pour film de Douglas Fairbanks, la belle Américaine, échappée de la plus médiévale des cavalcades à Hollywood, avant de chanter ses ballades écossaises, y va aussi de son petit discours.

Elle juge en effet de son devoir que nul de ceux qui s'intéressent à la sexualité n'ignore comment, après avoir obtenu de sa puritaine famille le droit de quitter les Massachusetts pour l'Europe, une amazone de la banlieue bostonienne vint à Berlin, où, désireuse d'étudier la libido, elle savait trouver la plus merveilleuse opportunité « in the world ». Issue des Patre (on ne fait pas plus Mayflower), la jeune fille avait vu tourner la chance « at home ». D'abord le vieux père. Sans doute il continue toujours à signer les billets de banque de l'État, mais, un jour de grand froid, un vent lui a gelé son œil droit, depuis lors plus dur

que glace, et sec, aveugle. « Well » a dit le
vieux père, quand il fut rentré borgne à la
maison. « Well » répéta le vieux père, sans
même profiter de l'épave de regard susceptible
encore d'humidité, pour répandre quelques
larmes. « Well » et il s'est versé double ration
de whisky. On croit qu'il est devenu alcoo-
lique. La mère. Une intellectuelle. C'est elle
qui a insisté pour que sa fille se prénommât
Cléo en souvenir d'une impératrice à qui le
patronyme Patre sert d'écho final. Mrs Patre
ne perd jamais « son nobilité » même lorsque,
membres mieux déliés que pattes de gre-
nouilles, elle nage dans les clairs ruisseaux.
Éprise de « modernité », elle a organisé, dès
la parution d'*A l'ombre des jeunes filles en
fleurs*, toute une série de conférences sur Mar-
cel Proust et la notion de l'amitié, ce dont, au
reste, s'est beaucoup moqué Dick, le frère aîné
de Cléo. Dick est, d'ailleurs, un méchant garçon qui a jadis tenté de violer sa sœur. Cléo
ne se laissa point faire car elle aimait d'amour
sa cousine de New-York, Maggy, la femme la
mieux habillée au monde, qui va tous les deux

mois acheter à Paris, des robes, au Poiret's et, au Cartier's, des bracelets qu'elle passe à la douane dans des tubes de pâte dentifrice. Honteuse de sa passion pour la femme la mieux habillée au monde, Cléo se confie à Mammy, qui ne paraît pas très bien saisir et répond que la Vierge Marie et la mère de saint Jean-Baptiste, deux cousines aussi, avaient tant d'affection l'une pour l'autre, que trop de scrupules insulteraient à leurs mémoires. Consulté, le vieux père à l'œil sec dit « Well ». Alors Cléo monte chez Dick. Dick ne comprend rien qu'à l'inceste, où d'ailleurs il se croit passé maître depuis qu'il a perverti le dernier né fort judicieusement baptisé Junior. Mais les liens de parenté entre Cléo et Maggy sont trop lâches pour que Dick puisse donner le moindre avis, et Cléo s'en vient trouver le grand Cerf-Mayer, dear Optimus, qui l'a si bien aidée dans son essor vers la liberté que la voici prête à sauter par-dessus l'océan des préjugés, d'un seul coup, d'un seul.

Petite comparaison avec la traversée aérienne de l'Atlantique et le salut à l'Europe, en réponse au bonjour que le gentleman La Fayette s'en fut, autrefois, porter aux futurs United States of America.

Sans peur d'une digression politique, Miss Patre évoque la grande ombre de Woodrow Wilson, qui protège cette fête (date dans l'histoire de la confraternité des peuples) puisque trois nations viennent de collaborer : la France qui, en la personne de Dame de la Mer, sous l'inspiration de Miss Patre, c'est-à-dire de l'Amérique, a bien voulu prêter son corps à l'audace scientifique de la jeune Allemagne représentée par Cerf-Mayer et ses collaborateurs.

Pour les journalistes qui prennent des notes dans la salle, Miss Patre annonce qu'elle va demeurer encore quelques mois à Berlin, puis retournera en Amérique, accompagnée de Dame de la Mer, qui là-bas, de même que Frau Dr Herzog ici, avec sa figure d'avant-après, a servi de réclame vivante à son mari, sera la preuve utilisée pour la publicité monstre qu'il est bien temps de mener autour et en vue de la *sexual liberation*.

Maintenant, comme tout ce soir doit être à la gaieté, au bonheur, et puisque Miss Patre s'est déguisée en cadet de Robin des Bois, elle va chanter une chanson que la malheureuse reine d'Écosse, Marie Stuart, composa, paroles et musique, pour une de ses femmes dont elle était fort éprise. Le Suissaud accompagnera. L'ancien uhlan éoniste, la grosse dame en vert qui jouait du fifre, du temps qu'elle était militaire, tournera les pages.

Arpèges, roucoulades et vocalises.

La fête en l'honneur de Dame de la Mer s'achève dans la plus musicale des extases.

Tandis que Miss Patre est allée troquer ses nippes moyenâgeuses contre l'uniforme international des Saphos modernes, Frau Dr Herzog présente sa fille à Vagualame et les invite à passer le reste de la soirée avec elles. Le Suissaud qui se vante de connaître un « schoen lokal » est délégué en cavalier servant par le Dr Optimus qui doit, lui-même, travailler toute la nuit à une étude sur les perversions et les abus érotiques chez les Patagons, d'après des notes d'explorateurs.

On va se mettre en route pour le schœn lokal du Suissaud et déjà la porte est ouverte, lorsque d'un taxi saute une longue jeune femme pâle et vêtue de noir. Avec grandes protestations d'amitié, elle se précipite sur Frau Dr Herzog et Dame de la Mer. Vagualame reconnaît Yolande qui s'excuse de n'être point arrivée à temps pour la séance d'éonisme. Mais elle descend du train. Juste le temps d'installer à l'hôtel ses compagnons, le fakir, le rat, le taureau d'appartement, cher trio qu'elle présentera, dès demain, au Wintergarten.

Frau Dr Herzog l'interroge sur les robes qu'elle apporte de Paris, mais Yolande ne veut parler que d'un boléro de diamants et d'une jupe de tulle, très volumineuse, qui s'arrête au genou, devant, se prolonge en traîne de plusieurs mètres, derrière, et partout scintillante de paillettes noires, astres minuscules en réponse aux étoiles électriques essaimées par tout le plafond du Wintergarten. A l'imaginer ainsi ruisselante des flots obscurs, le torse serré dans une cuirasse lumineuse, Cerf-Mayer se demande quel peut être le vice de cette nocturne ballerine. Bien sûr, il y a un mystère entre elle d'une part, et, d'autre part, l'homme et les bêtes à proportions saugrenues de son numéro.

Directeur de l'Institut sexuel d'une capitale, où le froid soleil d'hiver fait fleurir les minces juives et les blonds athlètes, comme celui du printemps les cerisiers à Montmorency, le Dr Optimus sait que les coulisses du music-hall sont plus profondes et à plus équivoques cargaisons que les soutes des grands navires.

Abeille, goutte d'or, la sensualité veut d'autres calices que les soleils en plumes d'autruches, plus très fraîches, ou les corolles de tarlatane complaisamment transparentes aux molles nudités. Abeille, goutte d'or, elle bourdonne, non gonflée, mais finement ivre d'un invisible suc, s'énerve, se cogne aux murs de velours noir, sur fond de quoi, plus blanche que pipes en terre des boutiques foraines, fleurit la géométrie froide des trapézistes, la gênante séduction des prestidigitateurs, le charme bleu pâle des femmes vaguement médiums et, pour sûr, diaboliques, les plaisanteries des jongleurs et l'énigme cuivre des dompteurs et des lions.

Cerf-Mayer n'ignore pas que les Hercules à sourires de jeunes filles, gardénia blanc au revers du frac on ne peut plus correct, qui jouent à la balle avec les phoques, ont dû commencer par séduire peu à peu toute la troupe, car ces clowns huileux n'obéissent aux jolis garçons que si leur lente chair a été émue, pénétrée des caresses à la fois les plus aiguës et les plus fortes.

Donc, Yolande, avec le fakir, le rat et le taureau...

Dommage que Cerf-Mayer ait ce travail qui ne peut plus attendre. Il aurait suivi la petite bande que vient enfin d'entraîner Miss Patre, réapparue libre des chausses et pourpoint qu'elle a troqués contre une jupe et une veste de coupe masculine.

Enfin le plus cher disciple a promis de regarder de tous ses yeux, d'écouter de toutes ses oreilles.

Le « shoen lokal » du Suissaud.

Il montre d'abord à Vagualame les lavabos où une affiche de calligraphie très appliquée interdit la vente de la cocaïne, les baisers sur la bouche entre individus d'un même sexe, les curiosités furtives, caresses digitales, exercices labiaux, toutes choses que vient, d'ailleurs, proposer un marchand de cigarettes à l'œil ingénu.

Mais un roulement de tambour, et le Suissaud presse Vagualame d'aller rejoindre leurs compagnes, car c'est la danse de Micky... et Micky...

Dans la salle.

Un dancing pauvre, gris.

Encore un roulement de tambour.

Le Suissaud tape des mains, se lèche les babines : « Micky, voici Micky ».

L'ancien uhlan éoniste, la grosse ouvrière en produits chimiques, serait sylphide comparée à Micky, sexagénaire adipeux, obèse petit bourgeois, ruiné par les chauffeurs de taxi qui le battaient, obstinément verdâtre sous la peinture sanglante des lèvres. le charbon qui lui couvre paupières, cils et sourcils, la brique pilée dont sont fardées ses joues et le grumeleux amidon, en plâtras sur le front, le menton, la nuque, le cou, les bras jaillis de la robe sans manche et décolletée en carré, copie de celle que portait l'impératrice Joséphine le jour de son sacre. Pour achever l'ensemble empire, perruque amadou avec diadème en papier d'argent, tortillé parmi les boucles, les frisettes et les guiches, pendants d'oreilles, colliers et sautoirs faits des capsules qui bouchent les bouteilles d'eau minérale, espadrilles en guise de cothurnes, bordure de coton hydrophile cirgulée d'encre, façon hermine, le long d'une loque de panne rouge, qui figure la pourpre d'un manteau de cour porté par les garçons de l'établissement.

Micky et sa suite traversent la salle.

L'orchestre accompagne les saluts de l'impériale caricature. Elle s'arrête, on la débarrasse du vieux rideau à traîne. En échange on lui apporte des castagnettes, un bouquet d'œillets, une dentelle noire qu'elle arrange en mantille, un châle bariolé, un éventail. Devenue fille d'Espagne, le cotillon relevé d'une main, voici Micky prêt aux plus endiablées sarabandes. Seuls (et c'est cas de force majeure car ils s'écraseraient sous son poids) manquent les hauts talons. L'orchestre joue du Granados. L'Andalouse hors série fredonne « Tanz pompeuz, tanz grazieuz ». Ses cent kilos voudraient tourbillonner, perdent l'équilibre, le retrouvent, le reperdent, le boum, et boum et boum, « tanz grazieuz, tanz pompeuz », inventent de chimériques séductions pour un toréador imaginaire.

Le numéro fini, Yolande fait inviter l'impérialo-andalouse qui, d'ailleurs, s'excuse : « Elle » est un peu nerveuse...

— Quel ennui, déplore Yolande. J'aurais aimé présenter à cette Carmen mon taureau d'appartement.

Docile aux instructions d'Optimus, le Suissaud supplie :

— Madame, Madame, je voudrais tant connaître le taureau.

Yolande toise le Suissaud.

— Ce n'est pas l'heure du taureau, jeune homme, pas l'heure de le déranger, et pour vous ce ne sera jamais l'heure d'en parler. Et puis, maintenant, ce n'est l'heure de rien, de personne.

— Je croyais que, pour vous, c'était toujours l'heure du taureau. Quand on a un chéri...

— Vous ai-je demandé si vous aviez plaisir à vous frotter contre les génisses, petit veau ? Indiscret, prenez plutôt modèle sur la réserve de M. Vagualame.

Sur le plancher rendu au public tourbillonnent enlacées Miss Patre et Dame de la Mer.

— Sont-elles gentilles, soupire Frau Dr Herzog.

— Exquises, adorables, surenchérit Yolande

(et, en à parté, à Vagualame) : Seriez-vous devenu muet ? Pourquoi ce silence ?

— Ne vantiez-vous point ma réserve, la minute dernière ?

— Façon de parler. Je vous plains. Pauvre petit. Vous être laissé influencer à ce point par la Rosalba. Avoir fait tout ce voyage pour voir danser aux bras d'une Américaine ridicule celle à qui vous vouliez faire un enfant bleu ! Ma vengeance est parfaite, Vagualame.

L'orchestre s'arrête.

Les danseurs ont regagné leurs chaises.

Personne ne dit mot.

Le Suissaud, qui ne veut point rentrer bredouille, demande à la cantonade.

— Êtes-vous sadiste ou masochiste.

— A la fois sadiste et masochiste, répond Yolande au nom de l'univers, car nul ne se rappelle s'il commença par torturer dans l'espoir des brutalités qui, justes réponses, le marqueraient corps et âme, ou si, au contraire, spontanément, il offrit ce corps et cette âme, nus, sans linge protecteur, parce qu'il fallait un prétexte aux vengeances fleuries d'ecchymoses, semées d'étoiles de sang.

Dame de la Mer et Miss Patre (est-ce le ton passionné de la femme au fakir qui les a mises en appétit ?) invoquent leur fatigue et se retirent, confiant toute la troupe à une amie qu'elles viennent de lui présenter, jeune Berlinoise que les plus aigres des aubes ont vue, promeneuse jamais lasse, explorer la capitale dont elle aime l'immense nuit, ici affairée, plus électrique dans sa hâte que les affiches lumineuses qui la maquillent, parée de jeunes femmes que les fourrures n'alourdissent point et sœur du cristal qui ruisselle à grandes eaux claires du ciel, des portiques de cinéma, des lampadères, des maisons qui n'ont jamais sommeil, pour laver — mais qui donc a pressé les énormes et invisibles éponges ? — de ses fatigues la géante à peau de pierre et souffle d'adolescente.

Cette peau, ce souffle, nulle épreuve ne les altère, même là-bas, au Nord, où la tristesse, la faim, l'angoisse, toute la sainte journée, se-couent leurs tapis.

Pourtant la misère, cette carne, elle tape à grands coups de marteau sur les crânes, elle creuse ses galeries, la gale, et vire virus, écorche, diablesse, d'un ongle empoisonné la fragile peau de terre, sous le poil verdâtre des squares, moud son poivre, verse son vitriol entre les cuisses des faubourgs. Alors au fond des cabarets, les mains dans les poches de pantalon, l'enfance se gratte au sang. Il n'y a pas seulement l'internationale prostitution des faux matelots, des faux petits garçons en maillots cycliste, mais aussi celle, obligatoire, des gosses qui ne veulent pas mourir de faim, et, dehors, grelottent pour de vrai, sans une chemise entre la vieille veste de mauvais drap et les épaules, le dos, la poitrine.

Dans les bars qui les recueillent, au soir tombant, ils ont mal à la tête, à cause de la chaleur et des désirs qu'il faut perpétuellement tâcher de feindre. Il pleut de la poussière. Or, l'étouffante grisaille, le mica brouillé devant la force rose, ingénue, cette transparence de sale rideau, seule les crève la jeune fille, comme l'écuyère des cirques le cerceau de papier blanc mis en obstacle à sa course.

Elle entre, les joues, les mains glacées de nuit, et les garçons, à serrer ses doigts dans leurs grosses pattes, déjà ne se sentent plus en danger de s'éteindre, de devenir aussi louchement incolores que la salle, dont, au reste, l'atmosphère, le « *stimung* », excite les clients bien plus, bien mieux que la multiple jeunesse, où ils pêchent sans regarder.

L'amie de Dame de la Mer et Miss Patre, ayant énuméré les divers attraits et spécialités de ces endroits, il est, au contraire, opté pour ce que le Suissaud nomme un « lesbique lokal ».

Le lesbique lokal n'a rien pour séduire, non plus, du reste, que ses propriétaires, Frida et Mina, boulottes à fossettes, « très garçons d'honneurs », un œillet à la boutonnière du veston bordé, les gros seins au martyre sous la cuirasse de linge empesé.

Frida et Mina s'approchent, demandent des nouvelles de Dame de la Mer. Frau Dr Herzog les prie de s'asseoir, et du ton orgueilleux que prennent les mères pour vanter les qualités de leurs filles, leurs talents domestiques et leurs promesses au piano, raconte la séance d'éonisme.

De son côté, Yolande, pour le Suissaud qui boit ses paroles, invente des mensonges saugrenus.

La jeune Berlinoise danse.

Alors, Vagualame, à lui-même :

— Voici l'heure des soliloques. Seul et loque tu flottes sur une grande marée de tristesse. Au lieu de te retourner, pour faire face au flot qui galopait derrière toi, et, déjà, te mordait au talon, tu as continué ton chemin, amusé d'objets, de marionnettes, accroché par n'importe quelle goutte d'eau, que le premier rayon venu, pour la joie de ta frivolité, métamorphose en prisme illusoire, en kaléidoscope à ne rien comprendre . Et rappelle-toi, truqueur, quand tu étais malheureux, trahi ou crachant le sang, tu t'inventais d'hypocrites consolations dont la plus habituelle consistait à te dire que le spectacle était à l'intérieur. Mais, à peine sorti de ta misère, tu repartais en quête d'un nouveau labyrinthe de cocasseries.

Or, les Rosalba du monde entier, qui, pour se venger de leurs charbonneuses Batignolles, s'intitulent voyantes et jettent leurs potées de menaces, toutes les femmes à fakir, les Patata éprises de jumeaux dalécarliens et prêtes à les renier pour trente paires d'Indous mâles, les belles goitreuses et leurs Suissauds de frères, les Frau Dr Herzog à figure d'avant-après, Balzac et Mme Hanska, Ibsen et Emma Psychologie, et une autre Emma, Emma Bovary, celle de Flaubert (encore un éoniste, et, qui prétendait : *Mme Bovary, c'est moi*), les Dames de la Mer bien rabotées,

Sans fesses ni tétons.
Comme la poupée à Janeton,

les Miss Patre prénommées Cléo, toute cette clique, lorsque tu en as bien regardé les grimaces, tu te demandes :

— Et après ?...

— Après ? Rien.

La grande marée de tristesse se retire. Elle t'a déposé dans un cul-de-sac.

Mais cette fois, au lieu d'aller interroger une pythonisse en chambre, pose plutôt quelques questions à la jeune Allemande, votre guide, qui vient de se rasseoir à côté de toi. Demande-lui n'importe quoi. Par exemple, comment elle s'appelle.

Réponse : On l'a surnommée Carlina, parce qu'elle ressemble aux chiens à la mode sous Louis XIV, tels qu'on en voit sur toutes les estampes du XVIIe.

Toi, Vagualame, tu as l'air d'un pékinois.

Ne va point, de ce fait, hasarder une comparaison.

Ton chaos n'est pas la force, tandis que la jeune fille, malgré son irrégularité, ne mérite pas l'injure bien française de minois chiffonné.

Donc, impossible de jouer au narcissisme.

Dommage, car se confondre avec l'objet
d'un amour possible, puis avec ce possible
amour, et, de fil en aiguille, avec l'amour tout
court, donne excellente opinion de soi, et,
après le spectacle chez Cerf-Mayer de tous ces
malheureux et malheureuses acharnés à sortir
de leurs peaux, tu voudrais bien te sentir à
l'aise dans la tienne. Ta vie antérieure, tu la
détestes, tu la renies. Mais, le présent ?

Les yeux de la jeune Berlinoise, ces yeux
dont tu ne t'es pas même donné la peine de
constater la couleur exacte, déjà tu as subi
leur charme. A l'extrême limite du soir, de
l'indécision, leur regard rédempteur s'est allumé. Éclair tombé de très haut, mais qui, doucement, glisse sur l'eau de ta détresse. Et surtout que cette électricité ne s'arrête pas en
chemin. Plus loin qu'elle, plus loin que toi,
hors d'elle, hors de toi, il y a elle et toi, il y
a vous.

Toi + elle = vous.

Troublante synthèse des syllabes, mais, la

chimie a bien d'autres mystères. Et puis, des formules, tu en as plein les poches, plein la tête et le cœur. Tu sens bon la terre de France, comme disait la chauvine Rosalba. Développe cette proposition de l'ancienne dompteuse de puces, approfondis et avoue que tu étais bien doué pour la rhétorique. Tes négligences, ton désordre, ils étaient encore appliqués, organisés. Si tu as battu la campagne ce n'était point défaut d'intelligence, mais parce que nulle loi fatale ne commandait à ta vie.

Alors, pourquoi ici plutôt que là, plutôt qu'ailleurs ?

Tu fais n'importe quoi, avec n'importe qui, n'importe où, n'importe comment et tu veux que ce soit de la belle ouvrage.

Imagine une plaine, une steppe, et sur cette plaine, cette steppe, un vent ni du Nord, ni du Sud, ni de l'Est, ni de l'Ouest, mais à la fois du Nord et du Sud, de l'Est et de l'Ouest et encore du Sud-Est et du Nord-Ouest, du Nord-Est et du Sud-Ouest.

Les plus fragiles ombellifères, ces voyageurs qu'enfant tu soufflais, le tourbillon des

forces contradictoires les martyrise, les roule
mais ne les lance, car il ne saurait envoyer
même à un mètre ce qu'une haleine puérile
jetait au ciel.

Ainsi, toi, qui, sans délectation, voulus aimer
toutes les violences de la chair et de l'esprit,
altéré des filtres sorciers, épris des végétaux
magiques, des mots à charme incantatoire,
toujours prêt à grimper les cinq étages des
pythonisses faubouriennes, qui ouvrent grandes
les portes du futur sur de haillonneuses féeries
pourpres et outre-mer, comme, à l'aube du
printemps, les fenêtres de leurs taudis sur un
ciel ressuscité malgré les grasses fumées, toi
qui souhaitais la corde et le fer le plus inexorables pour l'arc des désirs, dont tu espérais
qu'ils t'enverraient, flèche, aux étoiles, toi encore, à la même place dans le carquois, épilep-
tique gigoteur de la grandiloquence, tu te
retrouves plus fripé que ces déguenillées pom-
peuses, chapeau à plumes, falbalas, volants
gorge de pigeon, et dentelles de tous les âges
et couleurs, paquets de vieux chiffons endormis sur les quais.

Tu rêves de tremblement de terre, mais dilettante anémique, tu les aurais dégustés, comme sa petite secousse ce vieux parapluie de Barrès.

Et, dis, à quoi bon le protocole de la sensualité, les corps savants, l'amour dans ses trente-deux positions, sous toutes ses formes et perversités ; à quoi bon, encore, l'alcool et les drogues, dont tu essayas bien des variétés, si, de tes essais, tu n'as pas même contracté ce qui, du côté cour se nomme vice, et passion du côté jardin ? Tu n'en es pas moins fier d'une expérience qui te permettrait d'y aller de petites descriptions charnelles, très Baedecker, d'un naturalisme à vous retourner les doigts de pied. Il y a aussi les considérations un tantinet pharmaceutiques, à propos des paradis artificiels, et je t'entends jaspiner des heures et des heures, évoquer les grands fauves qui de ta défectueuse et sautillante personne n'ont pas même daigné faire leur proie. La maladie, tu y as renoncé quand tu as eu vu, de tes yeux vu, comment, au plus haut étage du sanatorium gratte-ciel, le silence, l'immobilité, sournois complices, aidaient à mourir. Alors, pour une fois, tu as eu la force de ta colère, trop de force pour te contenter d'une révolte sur place, d'un dancing de Kurhaus, où faisait l'aumône d'un sourire très bien imité une jeune femme quasi transparente, si maigre, si lasse, qu'elle ne pouvait plus danser que posée sur les pieds de son cavalier, moins lourde, certes, qu'au poing du chasseur le faucon des récits médiévaux.

Mais, pour avoir refusé une fin dans l'altitude et le froid, tu n'en as guère plus de raisons de te continuer.

Tu es à Berlin.

Pourquoi ?

Réponds, si tu peux.

Tu n'as rien à dire ?

Alors, ôte ton masque.

Tiens, tu me ressembles comme un frère.

Et, s'il te plaît, le nom qui te désignait, avant la rue des Paupières-Rouges ?

Tu dis ?... René Crevel ?

Mais tu es moi. Je suis toi. On est le même.

Donc de Vagualame, c'est-à-dire de René

Crevel, je ne parlerai point à la troisième personne, non plus que je ne lui parlerai à la
seconde.

Mais, auparavant, il importe de liquider nos
autres héros, de leur faire un sort.

Yolande, par exemple, au sortir de chez
Frida et Mina, est rentrée à son hôtel qu'elle
a eu le tort de choisir dans le voisinage du Zoo,
dont les émanations, imperceptibles aux narines humaines, ont grisé ses chers animaux.
Le rat qui pèse cinquante kilos s'est mis à
grignoter les pieds de l'impassible fakir, tandis que le taureau d'appartement essayait de
l'éventrer. Mais le ratatiné était si durement
ascétisé que le premier s'y cassa les dents et
le second les cornes. L'un et l'autre, tout de
même, s'obstinèrent à n'en point laisser une
miette, et Yolande les trouva endormis et re-
pus. Elle comprit son malheur, se coucha,
comme si de rien n'était, et stoïque, mourut
à l'aube, et, cette fois, pour de bon. Il y eut
scandale, enquête. On parla d'une affaire d'espionnage, de mœurs. Le Dr Optimus, nommé
expert, ne put apporter aucune conclusion, et

comme on ne parvenait pas à découvrir ni les assassins, ni le véritable état civil de la victime, non plus, et pour cause, que le lieu de refuge du fakir, soupçonné dès la première minute, la presse nationaliste française se saisit de l'affaire pour, bien entendu, parler d'espionnage. D'où une suite de beaux articles concluant : N'évacuons pas la Rhur et faisons la guerre au Maroc. Méfions-nous des fakirs, de l'Inde, de l'Asie, de tout cet Orient prétendu impassible et mystique, mais qui fait le jeu de l'impérialisme teuton et des bolcheviks. *Et tutti quanti...*

Le taureau d'appartement et le rat qui pèse cinquante kilos, quoique fort abîmés, furent recueillis au Zoo, où, d'ailleurs, ils ne tardèrent point à mourir de consomption, car, devenus très profondément masochistes, ils ne pouvaient vivre, l'un, sans le pal du chapeau cornu, l'autre, sans les caresses du masque à mâchoires métalliques.

Le Suissaud continue à faire les honneurs de l'Institut sexuel, lorsque son maître est en promenade.

Dans huit jours, Frau Dr Herzog accompagnera Dame de la Mer et Miss Patre à Hambourg. Les deux jeunes filles s'embarqueront pour l'Amérique où on a grand besoin d'elles à fin d'organiser la *sexual liberation*.

Mimi Patata vient de se découvrir enceinte. Elle n'est plus jeunette, jeunette, mais nonobstant, compte accoucher d'au moins une paire de jumeaux.

Moi, Vagualame, René Crevel, je suis de retour à Paris.

On bâtit des maisons neuves rue des Paupières-Rouges. Alors, pour me consoler je cours les cartomanciennes. On me presse de devenir sérieux, et, au lieu de demander aux autres, et à moi-même : « Êtes-vous fous ? », d'achever un livre sur Diderot, entrepris depuis des années, soit d'en commencer un sur Berlin, où j'affirme, si volontiers, que tout est parfait.

Or, l'encyclopédiste peut attendre. Quant à la Ville, elle n'a pas besoin de moi, la belle Prussienne. Et puis je n'aurai pas l'outrecuidance de prétendre la connaître, après trois mois. D'ailleurs, elle n'est pas, mais devient. Monde jaillissant, j'y ai enfin rencontré des êtres jeunes, et surtout une, vraiment purs, quels que fussent les gestes du moment, d'une pureté qui n'est pas le mot dont on veut, ici, faire un nouveau snobisme, qu'on a tenté de remettre à la mode, en l'assaisonnant à la sauce scandale. Mais la pureté demeure aussi étrangère au scandale que, dédaigneuse de considérations mondaines et domestiques, la fatalité. L'une comme l'autre, elles méprisent les jeux de mots, de sexe, d'esprit, qui sont, pour le moins autant que *jeux de mains, jeux de vilains.*

Et puis, à quoi bon les divertissements qui grignotent nos minutes, ces rongeurs (comme feue Yolande, son rat), mais ne peuvent rien contre les heures, dont les griffes ont blessé notre désert de soufre ? Là-bas, dit-on, des oasis offrent une ombre douce, des palmes, des jets d'eau. Mais le siroco enflamme la mosaïque bleu ciel et rose des plus aimables mensonges. Les sourciers, pliés sous la rafale du vent de feu, parcourent le monde qu'ils emplissent des cris de leur désespoir, car le coudrier n'est plus docile à la voix de l'eau. D'ailleurs, il n'y a plus d'eau, hommes, pour votre soif. Les dallages aux lourds pavés dont vous avez voulu vêtir le sol lui-même se fendent, sautent, s'éparpillent poussières, à l'éclosion des volcans soudain allumés. La peur hurle ! Première sincérité depuis des siècles et des siècles. Il faut recommencer par le commencement, par la rauque angoisse ancestrale, et seule peut le miracle de la franchise ressuscitée la violence. La violence. Expression même de ce *besoin de justice suprême* dont parle André Breton, dans son *Manifeste du surréalisme*, et sans quoi, quelque chose, au plus secret de nous qui ne peut se tromper, affirme qu'il ne saurait y avoir de vie intellectuelle, morale.

Et vous tous, dans vos sarcophages de relativisme sophistiqué, afin de libérer vos ankyloses des bandelettes d'arguties et de sentiments distingués, il fallait bien de la dynamite, et de la dynamite, encore de la dynamite pour desserrer vos lèvres avaricieusement jointes.

Condamnées, exécutées, finies, la rhéto-rique, ses grimaces en prose et en vers, les architectures dans le vide et cette harmonie formelle, sans raison, puisqu'elle n'a pas en-core trouvé son écho dans le silence du cœur. Mais déjà les bouches tremblent, et, mieux qu'un savant discours, leurs bégaiement pas-sionné affirme que la vérité n'est pas plus dans le vin que dans le juste milieu. Donc, toi, mer du milieu, ô Méditerranée, tes vignes, tes fleurs, tes complaisances parfumées, le ma-quillage de tes roches rouges, de ton soleil, tes bords de sensualité, de ruse, métal dont les trop habiles ciselures servent de rivages au miroir des narcissismes civilisés, comment se laisser prendre à tant de frauduleuses pro-messes, puisqu'il n'est pas, sur la terre, de paix pour les hommes, même et surtout de bonne volonté.

Et que m'importe un *ailleurs* que je ne sau-rais imaginer assez différent de cet *ici*.

C'est le matin.

Le lit, bateau de fièvre, a fait naufrage.

Ouvert sur une aube, ce livre se ferme sur une aube.

La première, le froid la poignardait. Voici, gisante, la dernière.

Cette nuit, par la fenêtre ouverte, sont entrés la lune et ses maléfices. L'insomnie a bu un lait de lumière, poison plus sûr que le lait de ciguë. Et cependant le même breuvage fut un philtre pour des amours qui se croyaient éternelles et paisible, sous les arbres, au fond des parcs. Donc, bien des égoïsmes peuvent encore se conjuguer. Mais toi, qui portes mon nom et mon visage, autant d'inutiles fardeaux, naufragé, de personne tu n'accepteras le secours.

Immortel et glorieux Hercule, tu aurais voulu filer aux pieds d'Omphale.

Homme, et aussi incapable de suivre jusqu'à

ses flamboyantes limites une idée que d'élargir, par une respiration totale et bien rythmée, un thorax défectueux, après avoir, en vain, tenté les gestes de l'innocence, ce beau secret perdu, continue, solitaire, ton voyage dans le chaos du temps. Immobile sera ta course, comme celles de ce carrosse dont les roues tournaient sans bouger, tandis que couraient, au fond, les décors de la féerie qui présentait la vie de Cendrillon à ton éblouissement, la première fois que tu fus mené au théâtre.

Tels ces décors, de mystérieux *Gulf-Stream* vont, viennent, labourent les flots de la mappemonde spirituelle, où restent à découvrir tant d'Amériques dont la Raison voudrait bien être, mais ne sera pas le Christophe Colomb.

Docile aux courants, et non dans l'espoir d'un havre, car la plus élémentaire pudeur ne veut plus du nommé Dieu, président du conseil d'administration des compagnies d'assurances sur l'Éternité, en attendant la mort et ses rivières souterraines, fais la planche, fais-toi planche.

Et pas un signe aux vaisseaux fantômes des

religions qui passent, là-bas, à l'horizon, pas un cri vers ces navires hypothétiques.

Mais, pour les flâneurs de l'une et l'autre rive, pour les veules et les escrocs qui s'autorisent de raisons sociales, patriotardes, conventionnelles et autres, pour les grisâtres friands de mensonges multicolores, que ta voix ressuscite, se gonfle, et toujours, encore, interroge :

Êtes-vous fous ?

Êtes-vous fous ?
Sinon...

ACHEVÉ D'IMPRIMER
LE 2 AVRIL 1929
PAR EMMANUEL GREVIN
A LAGNY - SUR - MARNE